자격증 교육 1위 해커스
주간동아 선정 2022 올해의 교육브랜드 파워 온·오프라인 자격증 부문 1위 해커스

해커스 스포츠지도사
동영상 강의
100% 무료!

지금 바로 시청하고
단기 합격하기 ▶

▲ 무료강의 바로가기

스포츠 전문자격 6관왕
안승기 선생님

스포츠지도사
현장실습기관 원장

전 강좌 10% 할인쿠폰

A25D B854 5733 D000

*등록 후 3일 사용 가능

쿠폰 바로 등록하기
(로그인 필요)

이용방법
해커스자격증 접속 후 로그인 ▶ 우측 퀵메뉴의 [쿠폰/수강권 등록] 클릭 ▶
[나의 쿠폰] 화면에서 [쿠폰/수강권 등록] 클릭 ▶
쿠폰 번호 입력 후 등록 및 즉시 사용 가능

실기 전 강좌 3일 무료 수강권

K6AE B858 K455 6000

*등록 후 3일 사용 가능

쿠폰 바로 등록하기
(로그인 필요)

이용방법
해커스자격증 접속 후 로그인 ▶ 우측 퀵메뉴의 [쿠폰/수강권 등록] 클릭 ▶
[나의 쿠폰] 화면에서 [쿠폰/수강권 등록] 클릭 ▶
쿠폰 번호 입력 후 등록 및 [나의 강의실 - 일반 강좌] 탭에서 즉시 수강 가능

해커스자격증

자격증 교육 1위 해커스
주간동아 선정 2022 올해의 교육브랜드 파워 온·오프라인 자격증 부문 1위 해커스

해커스 핵심 커리큘럼만 있으면
누구나 한 번에 합격!
해커스가 제안하는 합격 플랜

필기

| 이론+문제풀이 | 핵심요약정리 | 기출+해설강의 |

실기

| 교재+강의 학습 | 빈출동작 정리 | 실기+구술 연습 |

커리큘럼 자세히 보기 ▶
pass.Hackers.com

자격증 합격의 모든 것, 해커스자격증

해커스
스포츠지도사
축구 실기+구술
초단기 5일 합격

해커스

CONTENTS

Part 01 | 축구이론 정복하기

01 축구의 역사   14

02 축구 시설 및 경기규칙 이해하기   21

Part 02 | 실기능력 향상하기

01 리프팅 정복하기   26

02 정확한 패스하기   30

03 완벽한 드리블하기   33

04 강력한 슈팅하기   36

Part 03 | 축구의 이론적 개념 이해하기(구술)

01 축구시설 및 도구　　　　42
02 축구경기 운영방법　　　　45
03 상황별 지도방법　　　　　49
04 태도 및 표현　　　　　　　50
05 기타　　　　　　　　　　　52
06 장애인 스포츠지도사　　　53
07 유소년 스포츠지도사　　　57
08 노인 스포츠지도사　　　　61

부록 | 실전 준비하기

01 실기 및 구술시험 준비하기　　68
02 연수 및 현장실습 진행하기　　78

무료 특강·학습 콘텐츠 제공
pass.Hackers.com

이 책의 구성과 특징

Part 02 실기능력 향상하기

해커스 스포츠지도사 축구 실기+구술 초단기 5일 합격

선생님 TIP
축구의 기본기술은 축구경기에서 볼을 다루고 상대를 공략하기 위해 필요한 기술임. 정적인 상황에서 공을 다루는 기본기술을 강조하고, 리프팅, 패스, 드리블, 슈팅 등을 반복적으로 훈련함으로써 스포츠지도사가 실기를 지도할 수 있는 능력을 습득하게 됨

선생님 TIP
본격적인 학습 전 주요 포인트를 통해, 배경지식과 핵심 내용을 파악할 수 있습니다.

01 리프팅 정복하기

축구 경기에서 손과 팔을 제외한 신체의 모든 부위를 사용하여 축구공을 떨어뜨리지 않고 연속적으로 공을 리프팅하는 기술을 말함. 리프팅의 종류는 발등, 인사이드, 무릎, 어깨 등으로 구분됨. 전문 및 생활스포츠지도사 자격시험은 발등과 무릎 그리고 응용 볼 리프팅 등을 중점적으로 평가하고, 리프팅을 통해 볼에 대한 감각을 익히고, 몸의 균형감각을 증진시키는 데 목적을 두고 있음

인스텝 리프팅

인사이드 리프팅

실기 동작 설명
실기 동작에 대한 상세한 설명과 직관적으로 알 수 있는 사진 자료를 통해 올바르고 효과적인 실기시험 대비가 가능합니다.

해커스 **스포츠지도사 축구** 실기+구술 초단기 5일 합격

Part 03 축구의 이론적 개념 이해하기(구술)

선생님 TIP
스포츠지도사의 경우, 구술시험을 완전 정복하기 위해 축구의 이론적 개념을 확립하고자 함. 축구 구술은 축구 규정(경기규칙, 경기운영, 시설 규정), 지도방법(기술적 요소, 지도 방법), 태도(자세, 질문이해, 커뮤니케이션) 등으로 평가 영역이 설정됨

01 축구시설 및 도구

01 축구장의 규격에 대해 설명하시오.

정답분석
- 축구장 규격: 일반경기 규격: 넓이(최소 90m~120m), 너비(45m~90m)
  ※ FIFA 권장규격 국내 축구경기장(105m*68m) 예 서울월드컵경기장, 수원월드컵경기장 등
  - 2002 한일월드컵을 계기로 경기장 규격을 정함(FIFA 권장 규격)

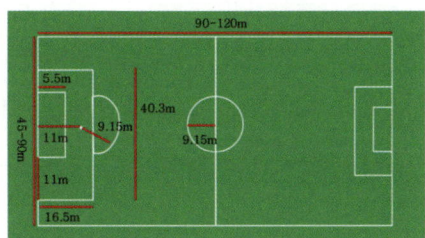

- 축구 골대: 규격(높이 2.44m, 가로 7.32m, 골대 굵기는 12cm 이하), 깊이(2m 이상)
- 페널티 박스: 길이(16.5m), 너비(40.3m)
- 센터 서클 및 페널티 아크(반지름 9.15m)

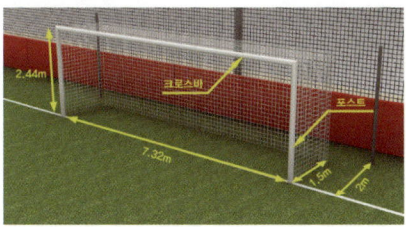

평가영역별 구성
구술시험의 평가영역별로 구분하여 수록한 문제를 통해, 이론적 개념을 이해하고 이를 바탕으로 답변하는 연습을 할 수 있습니다.

핵심 답안 설명
핵심만을 담아 간결하게 정리한 답변 내용을 통해, 구술 답안 대비를 위한 효율적인 암기를 할 수 있습니다.

축구 응시 알아보기

※ 보다 자세한 사항은 국민체육진흥공단 체육지도사연수원에서 확인하실 수 있습니다.

■ 응시일시

구분	원서접수	시험일	합격자 발표
2급 생활 스포츠지도사, 장애인·유소년·노인 스포츠지도사 필기	2025.03.27 09:00 (목) ~ 2025.03.31 18:00 (월)	2025.04.26 (토)	2025.05.16 16:00 (금)
2급 전문 스포츠지도사 필기	2025.03.20 09:00 (목) ~ 2025.03.24 18:00 (월)	2025.04.26 (토)	2025.05.16 16:00 (금)
실기&구술 시험	2025.05.28 09:00 (수) ~ 2025.06.02 18:00 (월)	2025.06.05 (목) ~ 2025.07.03 (목)	2025.07.11 16:00 (금)

■ 응시자격&유의사항

응시자격	1. 18세 이상인 사람 2. 해당 자격종목의 유소년 또는 노인 스포츠지도사 자격을 가지고 동일한 종목의 자격을 취득하려는 사람 3. 2급 장애인스포츠지도사 자격을 가지고 보유한 자격 종목이 아닌 다른 종목(문화체육관광부 '체육지도자 자격종목 신설·변경·폐지 등에 관한 고시' 별표1 제3호의 비고에서 다른 종목으로 보는 경우를 포함)의 자격을 취득하려는 사람 4. 유소년 또는 노인스포츠지도사 자격을 가지고 보유한 자격 종목이 아닌 다른 종목의 자격을 취득하려는 사람 5. 2급 생활스포츠지도사 자격을 가지고 보유한 자격 종목이 아닌 다른 종목의 자격을 취득하려는 사람
유의사항	1. 동일 자격등급에 한하여 연간 1인 1종목만 취득 가능(동·하계 중복 응시 불가) 2. 접수 시 선택한 종목은 변경 불가(2025년 신규 접수자부터 적용) 3. 필기 및 실기구술시험 장소는 추후 체육지도자 홈페이지에 공지 예정 4. 하계 필기시험 또는 동계 실기구술시험에 합격한 사람에 대해 다음 해에 실시되는 해당 자격검정 1회 면제 5. 필기시험에 합격한 해의 12월 31일부터 3년 이내에 연수과정을 이수하여야 함 　※ 단, 필기시험을 면제받거나 실기구술시험을 먼저 실시하는 경우에는 실기구술 시험에 합격한 해의 12월 31일부터 3년 이내에 연수과정(연수면제자는 스포츠윤리교육)을 이수하여야 함. 6. 나이 요건 충족 기준일은 각 자격요건별 취득절차상 첫 절차의 접수마감일 기준(2007년 출생자 중 해당 과정의 접수마감일 이전 출생) 7. 졸업예정자의 경우 다음 연도 2월 말까지 졸업(학위)증명서 반드시 제출(필기·실기, 구술 합격자 포함)

※ 위 내용은 2급 생활스포츠지도사 기준이며, 보다 자세한 사항은 국민체육진흥공단 체육지도사연수원에서 확인하실 수 있습니다.

■ 축구 자격취득현황(2024~2021년)

종목	2024년	2023년	2022년	2021년	자격취득현황
생활스포츠지도사(2급)	902명	853명	726명	912명	2,540명
전문스포츠지도사(2급)	488명	529명	368명	717명	1,573명

■ 체육지도자의 결격사유 등

결격사유	1. 피성년후견인
	2. 금고 이상의 형을 선고받고 그 집행이 종료되거나 집행이 면제된 날부터 2년이 지나지 아니한 사람
	3. 금고 이상의 형의 집행유예를 선고받고 그 유예기간 중에 있는 사람
	4. 다음 각 목의 어느 하나에 해당하는 죄를 저지른 사람으로서 금고 이상의 형 또는 치료감호를 선고받고 그 집행이 종료되거나 집행이 유예·면제된 날부터 20년이 지나지 아니하거나 벌금형이 확정된 날부터 10년이 지나지 아니한 사람
	   성폭력범죄의 처벌 등에 관한 특례법 제2조에 따른 성폭력범죄
	   아동·청소년의 성보호에 관한 법률 제2조 제2호에 따른 아동·청소년대상 성범죄
	5. 선수를 대상으로 형법 제2편 제25장 상해와 폭행의 죄를 저지른 체육지도자(제12조 제1항에 따라 자격이 취소된 사람을 포함한다)로서 금고 이상의 형을 선고받고 그 집행이 종료되거나 집행이 유예·면제된 날부터 10년이 지나지 아니한 사람
	6. 제12조 제1항 제1호부터 제4호까지에 따라 자격이 취소(이 조 제1호에 해당하여 자격이 취소된 경우는 제외한다)되거나 같은 조 제3항에 따라 자격검정이 중지 또는 무효로 된 후 3년이 경과되지 아니한 사람

자격 취소사유	1. 거짓이나 그 밖의 부정한 방법으로 체육지도자의 자격을 취득한 경우 2. 자격정지 기간 중에 업무를 수행한 경우 3. 체육지도자 자격증을 타인에게 대여한 경우 4. 제11조의5 각 호의 어느 하나에 해당하는 경우
자격 취소 또는 5년 이하 자격 정지사유	1. 선수의 신체에 폭행을 가하거나 상해를 입히는 행위를 한 경우 2. 선수에게 성희롱 또는 성폭력에 해당하는 행위를 한 경우 3. 그 밖에 직무수행 중 부정이나 비위 사실이 있는 경우 ※ 자격검정을 받는 사람이 그 검정과정에서 부정행위를 한 때에는 현장에서 그 검정을 중지시키거나 무효로 한다. 4. 제1항에 따라 체육지도자 자격이 취소된 사람은 문화체육관광부령으로 정하는 바에 따라 체육지도자 자격증을 문화체육관광부장관에게 반납하여야 한다. 5. 제1항에 따른 행정처분의 세부적인 기준 및 절차는 그 사유와 위반 정도를 고려하여 문화체육관광부령으로 정한다.

더 많은 내용이 알고 싶다면?

- 시험일정 및 자격증에 대한 더 자세한 사항은 해커스자격증(pass.Hackers.com) 또는 Q-net(www.Q-net.or.kr)에서 확인할 수 있습니다.
- 모바일의 경우 QR 코드로 접속이 가능합니다.

모바일 해커스자격증
(pass.Hackers.com)
바로가기 ▶

실기 및 구술 준비하기

※ 보다 자세한 사항은 국민체육진흥공단 체육지도사연수원에서 확인하실 수 있습니다.

■ 스포츠지도사 시험 절차

필기시험 → 실기·구술시험 → 연수 및 현장실습

■ 실기장 장비

1. 책상 및 의자
2. 스톱워치
3. 축구공
4. 칼라콘
5. 마커 등

■ 지원자 준비사항

1. 축구화(천연 및 인조잔디용)
2. 운동복
3. 개인식수 등

■ 실기평가 영역

시행방법	영역별 세부 기술을 구사하며, 점수는 평가기준에 따름	
	분류	세부 기술
	리프팅	리프팅(발등, 머리, 인사이드, 무릎), 응용 볼 다루기
	패스	패스(인사이드, 아웃사이드, 인스텝, 힐)
	드리블	인사이드 및 아웃사이드 드리블
	슈팅 및 킥	킥(인사이드, 아웃사이드, 인스텝, 힐, 토)
합격기준	세부 기술별로 상이하며, 상세한 내용은 부록(실전 준비하기 - 실기평가 영역) 참고	

■ 구술평가 영역

시행방법	총 5문항에 대한 구술답변을 진행함 • 규정 2문항(40점) • 지도방법 2문항(40점) • 태도(20점)		
합격기준	• 70점 이상(100점 만점) • 평가영역(점수)		
	영역	세부내용	점수
	규정	경기 규칙, 경기 운영, 시설 규정 등	40점
	지도방법	기술적 요소, 지도상식, 지도 방법 등	40점
	태도	자세, 질문 이해, 커뮤니케이션 등	20점

연수 및 현장실습 대비하기

■ 스포츠지도사 시험 절차

필기시험 → 실기·구술시험 → 연수 및 현장실습

■ 연수기관

1. 생활스포츠지도사(2급)

권역	연수기관
수도권(10개소)	경기대, 경희대, 동국대, 용인대, 인천대, 중앙대, 한양대(서울), 한양대(에리카), 숭실대, 을지대
경상권(6개소)	경남대, 경상대, 계명대, 부경대, 안동대, 경북대
충청권(4개소)	건국대, 충남대, 충북대, 호서대
전라권(4개소)	군산대, 전남대, 전북대, 목포대
강원권(2개소)	강릉원주대, 강원대
제주권(1개소)	제주대

2. 전문스포츠지도사(2급)

기관		연수기관
필기시험 검정기관		국민체육진흥공단
실기 및 구술 검정기관		대한체육회(태권도를 제외한 전종목), 국기원(태권도, 단일종목)
연구기관	수도권	중앙대, 한국체육대, 한양대, 국기원(태권도, 단일종목)
	경상	동아대
	충청	충남대
	전라	조선대

■ 연수 및 현장실습 수료기준

연수		• 연수과정의 100분의 90 이상을 참여하고, 평가점수(연수태도, 체육 지도, 현장실습)에 대해 각각 만점의 100분의 60 이상 이수한 자 • 지정된 연수기관에서 66시간 이수
현장실습	생활스포츠지도사	24시간 이수
	전문스포츠지도사	24시간 이수(훈련지도 보조 및 주관: 23시간, 현장실습보고서 제출: 1시간)

5일 합격 학습플랜

 5일 합격 학습플랜 활용 방법

1. 스포츠지도사 축구 실기 및 구술시험의 단기 합격을 위한 학습플랜을 참고합니다.
2. 학습플랜에 맞춰 목표를 달성하면 학습날짜를 기입합니다.
3. 시험 직전까지 일자별로 학습한 내용을 복습하고 반복적으로 익혀줍니다.

1일차 학습 목표

PART 01 축구이론 정복하기	01 축구의 역사 ~ 02 축구 시설 및 경기규칙 이해하기	__월 __일

2일차 학습 목표

PART 02 실기능력 향상하기	01 리프팅 정복하기 ~ 04 강력한 슈팅하기	__월 __일

3일차 학습 목표

PART 03 축구의 이론적 개념 이해하기(구술)	01 축구시설 및 도구 ~ 02 축구경기 운영방법	__월 __일

4일차 학습 목표

PART 03 축구의 이론적 개념 이해하기(구술)	03 상황별 지도방법 ~ 05 기타	__월 __일

5일차 학습 목표

PART 01 ~ 03	총 복습	__월 __일

해커스자격증
pass.Hackers.com

해커스 **스포츠지도사 축구** 실기+구술 초단기 5일 합격

축구이론 정복하기

Part 01 축구이론 정복하기

01 축구의 역사

축구는 세계에서 가장 인기 있는 스포츠로, 19세기 산업혁명 이후 영국에서 비롯되었고, 1863년 영국에 설립된 축구협회(FA)의 등장에 기원을 두고 있음. 당시 영국 내에서도 인기스포츠로 초창기에는 상류스포츠였지만, 각자 자신들만의 규칙과 방법을 가지고 있어 매 경기 간 규칙을 정하여 경기를 진행하였음. 이러한 무분별한 경기진행을 막고자 최초의 프로클럽을 창단하였으며, 이러한 축구클럽의 탄생으로부터 프로페셔널리즘이 확립되면서 인기가 높아졌음. 즉, 축구 종목의 인기는 영국인들이 해외로의 이주를 통해 축구를 널리 알리는 계기가 되었으며, 그 결과 오늘날 전세계적인 스포츠로 발돋움하였음

1862년	세계 최초의 프로축구팀 창단(노츠카운티 FC)
1863년	영국 축구협회(FA) 설립
1871년	최초의 축구대회인 'FA컵' 탄생, 근대 스포츠로서의 기틀을 다짐
1902년	최초의 국제매치(우루과이와 아르헨티나 경기, 우루과이 몬테비데오)
1904년	프랑스에서 국제축구연맹(FIFA) 설립
1907년	FIFA(프랑스, 스위스, 네덜란드, 벨기에, 덴마크, 스웨덴, 스페인) 7개 국가에 의해 설립
1913년	FIFA가 국제축구협회평의회(IFAB) 가입
1924년	파리올림픽 정식종목 채택(축구)
1930년	최초의 FIFA 주관 월드컵 대회 개최(우루과이 몬테비데오)
1970년	제9회 FIFA 월드컵(멕시코) 대회부터 최초의 컬러 TV 중계 및 카드 사용(레드, 옐로우)

1 우리나라 축구의 역사

우리나라는 예로부터 축구와 유사한 경기를 즐겼음. <삼국사기>와 <삼국유사>에 따르면 신라시대에서 놀이형태 중 공차기 놀이가 '축국'이라고 기록되어 있음. 영국을 모태로 하는 근대축구가 1882년(고종 19년) 6월, 인천항에 상륙한 군함 '플라잉 피쉬(Flying Fish)'호의 승무원을 통해 전파된 것이 우리나라 축구의 시작으로 보고 있음

우리나라 최초의 축구 전파(1882)

최초의 월드컵 본선 진출(스위스 월드컵, 1954)

한일월드컵 공동개최 및 4강 진출(2002)

FIFA 여자 U-17세 월드컵 우승(2010)
(우리나라 축구사상 최초 FIFA 대회 우승)

1882년	제물포(인천)에 정박한 영국 군함 플라잉 피쉬호 선원들에 의해 최초로 우리나라에 전파됨
1905년	우리나라의 공식적인 첫 경기(황선기독청년회와 대한체육구락부의 경기, 서울 삼선동 부근)
1921년	조선체육회 주최로 제 1회 전(全)조선 축구대회 개최(서울)
1926년	국내축구팀으로는 최초의 원정경기(조선축구단 참가, 장소: 일본)
1935년	일본 도쿄에서 열린 전일본축구선수권대회에서 조선축구팀으로 첫 우승(경성축구단)
1936년	당시 우리나라 선수로 유일하게 베를린올림픽(1936년)에 일본대표로 참가(김용식 선수)
1946년	해방 이후 첫 대회로 열린 제 1회 전국축구선수권대회 개최
1948년	처음으로 태극마크를 달고 런던올림픽 참가(멕시코와의 경기에서 5:3 승리)
1954년	사상 최초 월드컵 본선 진출(스위스월드컵)
1960년	제 2회 AFC 아시안컵 우승(한국 축구 최초의 국제대회 우승)
1975년	우리나라 축구선수들의 첫 해외 진출(홍콩세미프로팀 박수덕 선수 외 2명)
1983년	프로리그 출범(할렐루야, 유공, 포항제철, 대우, 국민은행), 멕시코에서 열린 세계 청소년(U-20) 축구대회에서 FIFA 주최 대회 첫 4강 진출 쾌거
1985년	32년 만에 월드컵 본선 진출
1990년	여자축구대표팀 정식 출범(일본과의 첫 공식경기), 최초의 축구전용구장 건립(포항)
2002년	한국과 일본이 공동개최한 2022년 FIFA 월드컵에서의 4강 신화
2003년	여자축구대표팀의 첫 여자월드컵 출전(3전 3패)
2008년	대학축구리그(U리그) 출범
2009년	'공부하는 축구선수 육성'을 위한 초중고리그 출범
2010년	FIFA 여자 U-17세 월드컵 우승(우리나라 축구 사상 최초 FIFA 대회 우승)
2012년	런던올림픽 동메달(U-23 대표팀, 올림픽 사상 최고의 성적)
2019년	FIFA U-20 월드컵 준우승(남자대표팀의 FIFA 주관대회 사상 최고 성적)

[출처] 대한축구협회(Korea Football Association) 기록실(한국축구연혁)(2023)

2 월드컵의 역사

월드컵은 단일 종목 스포츠 대회 중 최대 규모를 자랑하며, 국가 대항전 가운데 최고의 위상을 가지고 있음. 축구라는 스포츠는 세계에서 가장 대중적인 스포츠로 전 세계스포츠이벤트 중 최대 이벤트 경기로 세계인의 축제로 발돋움하였음

축구는 세계적인 규모의 스포츠로, 축구의 결정판은 바로 월드컵이라 할 수 있음. 월드컵은 1928년 당시 FIFA 회장이었던 쥴리메(Jule Rimet)가 국제적인 축구대회를 개최하고자 하였으며, 첫 월드컵은 우루과이(1930년)에서 시작되어 현재 카타르월드컵(2022년)까지 총 22번의 대회가 개최되었음. 향후 북중미월드컵(2026년)에서 23번째 월드컵이 개최 예정임

연도 / 회차	개최국	우승	준우승	3위	4위
1930 / 1회	우루과이	우루과이	아르헨티나	미국	유고슬라비아
1934 / 2회	이탈리아	이탈리아	체코슬로바키아	독일	오스트리아
1938 / 3회	프랑스	이탈리아	헝가리	브라질	스웨덴
1942 / 4회	제2차 세계대전으로 취소				
1946 / 5회	제2차 세계대전으로 취소				
1950 / 4회	브라질	우루과이	브라질	스웨덴	스페인
1954 / 5회	스위스	서독	헝가리	오스트리아	우루과이
1958 / 6회	스웨덴	브라질	스웨덴	프랑스	서독
1962 / 7회	칠레	브라질	체코슬로바키아	칠레	유고슬라비아
1966 / 8회	잉글랜드	잉글랜드	서독	포르투갈	소련
1970 / 9회	멕시코	브라질	이탈리아	서독	우루과이
1974 / 10회	서독	서독	네덜란드	폴란드	브라질
1978 / 11회	아르헨티나	아르헨티나	네덜란드	브라질	이탈리아
1982 / 12회	스페인	이탈리아	서독	폴란드	프랑스
1986 / 13회	멕시코	아르헨티나	서독	프랑스	벨기에
1990 / 14회	이탈리아	서독	아르헨티나	이탈리아	잉글랜드
1994 / 15회	미국	브라질	이탈리아	스웨덴	불가리아
1998 / 16회	프랑스	프랑스	브라질	크로아티아	네덜란드
2002 / 17회	대한민국, 일본	브라질	독일	터키	대한민국
2006 / 18회	독일	이탈리아	프랑스	독일	포르투갈
2010 / 19회	남아프리카 공화국	스페인	네덜란드	독일	우루과이
2014 / 20회	브라질	독일	아르헨티나	네덜란드	브라질
2018 / 21회	러시아	프랑스	크로아티아	벨기에	잉글랜드
2022 / 22회	카타르	아르헨티나	프랑스	크로아티아	모로코

월드컵 개최지 및 우승국 현황(1930년~2022년)

1. 월드컵의 주요 역사

① 1904년, 프랑스 주도하에 국제축구연맹(FIFA)이 창립되었음

② 1930년, 제1회 월드컵 개최(우루과이, 13개국 참가)
 - 월드컵 사상 첫 득점(프랑스, 루시앙 로랑)

③ 1934년, 제2회 FIFA월드컵 개최(이탈리아, 16개국 참가)
 - 대회 역사상 처음으로 지역예선을 거쳐 월드컵 참가
 - 월드컵 역사상 최초로 3, 4위전 실시

④ 1938년, 제3회 FIFA월드컵 개최(프랑스, 15개국 참가)
 - 대회 개최국과 전 대회 우승국의 경우 대회 자동 진출권 부여

⑤ 1954년, 제5회 FIFA월드컵 개최(스위스, 16개국 참가)
 - 우리나라 월드컵 첫 출전
 - 단판 토너먼트 제도 변경
 - 연장전, 승부차기 제도 도입

⑥ 1970년, 제9회 FIFA월드컵 개최(멕시코, 16개국 참가)
 - 브라질 우승(3회 우승), 줄리메컵(Jules Rimet Cup 영구 보관)
 - 옐로카드 및 레드카드, 선수교체제도 첫 시행
 - 컬러 텔레비전 중계
 - 공인구 사용(정십이면체 축구공)

⑦ 1982년, 제12회 FIFA월드컵 개최(멕시코, 16개국 참가)
 - 대회 참가국 기존 16개국에서 24개국 참가로 확대(개최국 및 전 대회 우승팀 자동출전권 획득)

⑧ 1988년, 제16회 FIFA월드컵 개최(프랑스, 32개국 참가)
 - 골든골 제도 도입(무승부로 인해 연장전에 돌입 시 골을 넣으면 즉시 승부가 종료되는 제도)

⑨ 2002년, 제17회 FIFA월드컵 개최(우리나라와 일본의 공동개최, 32개국 참가)
 - 월드컵 사상 첫 공동개최
 - 우리나라는 아시아 최초 4강 진출 쾌거

⑩ 2014년, 제20회 FIFA월드컵 개최(브라질, 32개국 참가)
 - 오심을 방지하기 위한 6심제 심판제 도입
 - 골라인 판독 기술 도입〔Goal-line Technology(GLT), Goal Decision System(GDS)〕

⑪ 2026년, 제23회 FIFA월드컵 개최(캐나다·멕시코·미국 공동개최, 48개국 참가)
 - 월드컵 참가국은 1982년을 기점으로 24개국, 1988년 월드컵부터 32개국이 참가하였음. 2026년 북중미월드컵(캐나다·멕시코·미국 공동개최)부터는 48개국으로 확대되어 대회 운영함

2. 새로운 도약, 여자월드컵의 역사

축구라는 스포츠는 과거 남성들의 대표적인 스포츠로 인식되었지만, 최근 축구를 좋아하는 여성들이 점점 늘어났음. 월드컵은 기존에 남성 대회가 1930년에 개최한 것에 비해 여성 대회는 당시 브라질 출신의 주앙 아벨란제 회장의 개인적 생각으로 시작하여 1991년 중국에서 처음 FIFA 여자월드컵을 개최하게 됨

회차	연도	개최국	결승전			3·4위 결정전		
			우승	결과	준우승	3위	결과	4위
1회	1991	중국	미국	2-1	노르웨이	스웨덴	4-0	독일
2회	1995	스웨덴	노르웨이	2-0	독일	미국	2-0	중국
3회	1999	미국	미국	0-0 (a.e.t.) (5-4p)	중국	브라질	0-0 (a.e.t.) (5-4p)	노르웨이
4회	2003	미국	독일	2-1 (a.e.t. g.g.)	스웨덴	미국	3-1	캐나다
5회	2007	중국	독일	2-0	브라질	미국	4-1	노르웨이
6회	2011	독일	일본	2-2 (a.e.t.) (3-1p)	미국	스웨덴	2-1	프랑스
7회	2015	캐나다	미국	5-2	일본	잉글랜드	1-0 (a.e.t.)	독일
8회	2019	프랑스	미국	2-0	네덜란드	스웨덴	2-1	잉글랜드
9회	2023	오스트레일리아, 뉴질랜드	스페인	1-0	잉글랜드	스웨덴	2-0	오스트레일리아

월드컵 개최지 및 우승국 현황(1991년~2023년)

① 1991년, 제1회 FIFA 여자월드컵 첫 개최(중국, 12개국 참가)
② 1995년, 제2회 FIFA 여자월드컵 개최(스웨덴, 12개국 참가)
 - 대회 8강 진출한 국가의 경우, 1996년에 열리는 하계올림픽 여자축구종목 자동출전권 부여
③ 1999년, 제3회 FIFA 여자월드컵 개최(미국, 16개국 참가)
 - 대회 4강 및 8강 진출 국가 중 3개 팀의 경우, 2000년에 열리는 하계올림픽 여자축구종목 자동출전권 부여
④ 2003년, 제4회 FIFA 여자월드컵 개최(미국, 16개국 참가)
 - 우리나라 월드컵대회 첫 출전(3전 3패)
 - 중국에서 개최 예정이었으나 중증급성호흡기증후군(SARS)로 인한 개최지 변경
⑤ 2015년, 제7회 FIFA 여자월드컵 개최(캐나다, 24개국 참가)
 - 월드컵 참가국이 기존 16개국에서 24개국으로 늘어난 대회
⑥ 2023년, 제9회 FIFA 여자월드컵 개최(오스트레일리아와 뉴질랜드의 공동개최, 32개국 참가)
 - 월드컵 참가국이 기존 24개국에서 32개국으로 늘어난 대회

02 축구 시설 및 경기규칙 이해하기

축구경기의 규칙은 국제축구평의회(IFAB)에서 결정함. 국제축구평의회는 잉글랜드·스코틀랜드·웨일스·북아일랜드 축구협회에서 각 1명씩, FIFA의 4명을 합해 총 8인으로 구성되며, 8명 중 6명이 안건에 찬성하면 통과됨

1 축구경기장 규격

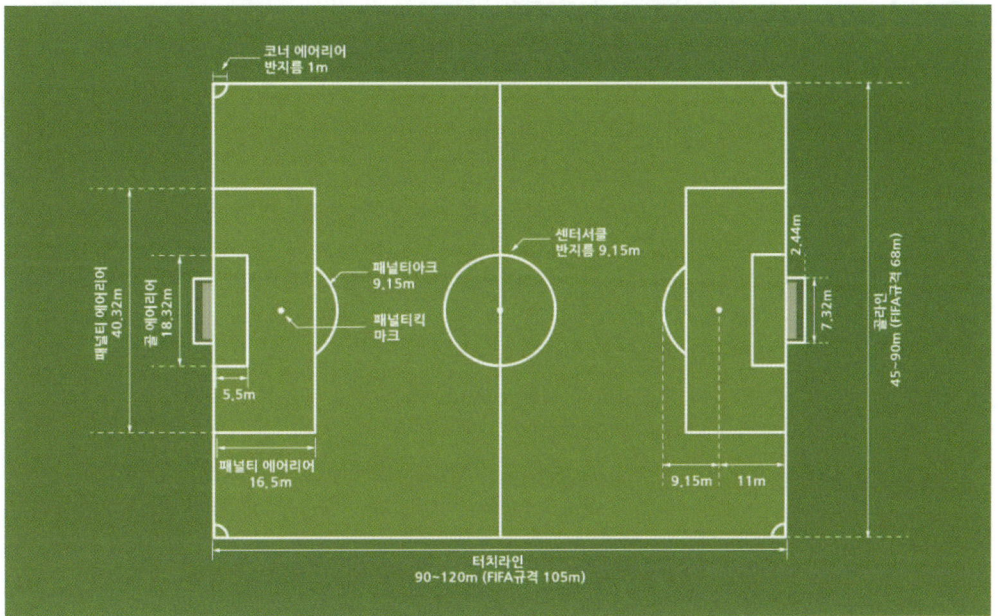

① 경기장: FIFA에서 공인경기장의 규격은 터치라인 105m, 골라인 68m로 규정(일반적으로 터치라인 90-120m, 골라인 45-90m의 허용범위 내 규격 인정)

② 골대규격: 골대의 양포스터 길이는 7.32m, 크로스바 높이는 2.44m

③ 센터서클: 경기장 중앙 반지름의 길이는 9.15m

④ 코너 에어리어: 경기장 코너플랙 포스트 반지름은 1m

⑤ 페널티아크: 페널티에어리어 중앙에 반원 모양으로 된 부분(페널티킥을 찰 때 공과 수비수의 거리를 9.15m로 유지하기 위해 만들어진 영역)

⑥ 페널티 에어리어: 골포스트 기둥 안쪽으로부터 코너킥 16.5m 지점에 골라인과 직각이 되게 경기장 안쪽으로 그은 16.5m의 선(골키퍼가 공을 손으로 다룰 수 있는 영역)

⑦ 페널티마크: 골라인의 가운데로부터 11m 지점에 표시되어 있는 점(페널티킥을 차는 지점)

⑧ 골 에어리어: 골포스트 기둥 안쪽으로부터 코너킥 5.5m 지점에 골라인과 직각이 되게 경기장 안쪽으로 그은 5.5m의 선(골킥을 차는 공간)

2 축구의 규칙(룰, 반칙 등)

1. 룰

코너킥	축구경기에서 상대방이 골라인 밖으로 차냈을 때 코너 에어리어에서 공을 놓고 차며, 코너킥은 직접 득점이 가능함
스로인	경기 중 공이 터치라인 밖으로 나갔을 때 상대방이 공격권을 가지게 되며, 축구경기 중 필드플레이어가 손을 사용해 공을 던질 수 있는 유일한 방법
골킥	경기 중 공이 골라인 밖으로 나갔을 때 골키퍼는 골 에어리어 안에 공을 놓고 킥을 할 수 있음. 만약 공이 명백히 움직임이 보일 경우 인플레이가 진행됨
페널티킥	경기 중 수비팀이 페널티 에어리어 안에서 파울을 범했을 경우, 공격팀이 페널티마크 위에 공을 올려놓고 골키퍼와 1대1 상황에서 차는 킥
프리킥	경기 중 상대방에게 파울을 범했을 경우 현 위치에서 직접 및 간접프리킥을 실시할 수 있음
직접프리킥	축구 경기 중 주심이 판단하여 수비수가 파울을 범했을 때 상대팀에게 주어지는 프리킥의 한 종류로, 키커가 차서 공이 골네트로 들어가면 골로 선언됨 • 상대를 차거나 차려고 했을 경우 • 상대를 걸었거나 걸어 넘어뜨리려고 했을 경우 • 상대를 차지(charges)했을 경우 • 상대방을 깨물거나 침을 뱉었을 경우
간접프리킥	축구 경기 중 주심이 판단하여 수비수가 파울을 범했을 때 상대팀에게 주어지는 프리킥의 한 종류로, 공이 터치되지 않는 상황이면 골인이 되어도 골로 인정되지 않음 • 골키퍼가 페널티 에어리어 안에서 6초 이상 가지고 있을 경우 • 동료에게 전달한 공이 다시 의도적으로 골키퍼에게 패스되어 그 공을 잡았을 경우 • 위험한 플레이나 상대방의 진로를 방해했을 경우 • 비신사적인 행위(판정에 항의, 욕설, 언어적 행위 등)를 했을 경우

2. 반칙

오프사이드	상대방 진형에서 볼을 받는 공격선수가 상대팀의 최종 2번째 수비수보다 앞선 경우(오프사이드 반칙이 되면 해당 위치에서 상대방에게 간접프리킥이 부여)
캐링(carring)	골키퍼가 페널티 에어리어에서 5걸음 이상 걷는 행위
핸들링(handing)	경기 중 손이나 팔 등에 공이 닿았을 경우(간접프리킥 부여)
라인크로스(line cross)	축구경기장 내 플레이하는 영역을 축구공이 벗어난 경우
스로인(throw in)	라인크로스가 발생되어 경기가 중단된 지점에서 경기를 재개하는 방법

pass.Hackers.com

해커스자격증
pass.Hackers.com

해커스 **스포츠지도사 축구** 실기+구술 초단기 5일 합격

Part 02

실기능력 향상하기

Part 02 실기능력 향상하기

> **선생님 TIP**
> 축구의 기본기술은 축구경기에서 볼을 다루고 상대를 공략하기 위해 필요한 기술임. 정적인 상황에서 공을 다루는 기본기술을 강조하고, 리프팅, 패스, 드리블, 슈팅 등을 반복적으로 훈련함으로써 스포츠지도사가 실기를 지도할 수 있는 능력을 습득하게 됨

01 리프팅 정복하기

축구 경기에서 손과 팔을 제외한 신체의 모든 부위를 사용하여 축구공을 떨어뜨리지 않고 연속적으로 공을 리프팅하는 기술을 말함. 리프팅의 종류는 발등, 인사이드, 무릎, 어깨 등으로 구분됨. 전문 및 생활스포츠지도사 자격시험은 발등과 무릎 그리고 응용 볼 리프팅 등을 중점적으로 평가하고, 리프팅을 통해 볼에 대한 감각을 익히고, 몸의 균형감각을 증진시키는 데 목적을 두고 있음

인스텝 리프팅

인사이드 리프팅

머리 리프팅   무릎 리프팅

1 리프팅 정복하기. 나의 능력 키우기!!

선생님 TIP

리프팅은 공을 자신의 것으로 만드는 기술 중 하나로, 축구의 개인능력 향상을 위한 가장 기본 기술이지만 쉽게 생각하는 경향이 있음. 반복적인 연습을 통해 리프팅을 정복하자!

(1) 몸의 힘을 빼고, 연습을 통해 자연스러운 자세가 나오도록 함

(2) 몸의 균형을 유지하고, 공을 자신의 몸 가까이에서 터치하여 컨트롤할 수 있도록 함(공의 낙하지점을 고려하여 반복적인 연습을 통해 정확하게 리프팅 실시)

(3) 숙련된 리프팅을 실시하기 위해, 리프팅 시 발과 무릎을 좌우 번갈아가면서 연습함(초보자는 원 바운드를 이용하여 연습을 반복적으로 실시하고 숙달 시 바운드 없이 진행)

(4) 시험에 대비하여 왼발에서 왼무릎, 오른발에서 오른무릎으로 리프팅을 연습함(동일한 발과 무릎으로 리프팅 진행 시에만 점수로 인정)

2 리프팅에 대해 알아보기

1. 발등 리프팅
날아오는 공을 발등으로 가볍게 차올리는 기술로 타이밍을 잘 맞추어 양발을 이용하여 공을 땅에 떨어트리지 않고 지속적으로 리프팅을 실시함. 처음에는 자신 있는 주 발로 연습을 통해 감각을 익히고, 실력이 향상되면 다른 발을 이용하여 연습을 지속하여 실력을 향상시킴

① 초보자의 경우, 원바운드 후 리프팅 연습하기(양발을 번갈아가면서 진행)
② 다리에 힘을 빼고, 부드럽게 공을 터치하듯이 연습하기
③ 공의 높이, 균형, 타이밍 등에 맞춰 연습을 진행하여 리프팅 능력을 향상시킴

2. 무릎 리프팅
대퇴부를 사용하여 공을 리프팅하는 기술로 허리 높이로 공이 날아왔을 때 사용함. 무릎 리프팅 시 공이 수직으로 올라갈 수 있도록 허벅지를 이용하여 발등으로 연계할 수 있도록 함. 공을 정확하게 받을 수 있도록 위치를 판단하는 훈련이 지속되어야 함

① 초보자의 경우, 허벅지를 이용하여 리프팅을 실시하고 공을 잡아서 반복적으로 훈련을 실시함
② 디딤발에 무게중심을 두어 양쪽 무릎을 번갈아 가며 리프팅 훈련을 실시함
③ 반복적인 리프팅 훈련을 통해 상황에 대처할 수 있는 능력을 향상시킴

3. 가슴 리프팅(트래핑)
날아오는 공을 가슴으로 컨트롤 하는 기술로 양팔과 무릎을 가볍게 벌려 균형을 잡고, 가슴을 뒤로 제치면서 볼의 속도를 낮춰 트래핑을 실시함. 단, 공을 컨트롤 할 때 가슴을 내밀어 공을 잡는 것은 트래핑의 실패 원인이 됨

① 초보자의 경우, 2인 1조로 실시(가까운 거리에서 먼 거리로 반복적 연습)
② 가슴으로 날아오는 공을 처리할 때 가장 많이 사용되는 기술로 가슴에 안정된 자세로 공을 트래핑할 수 있도록 훈련 실시
③ 안정된 자세로 트래핑이 가능하다면 어깨, 허리 등을 활용하여 방향전환을 통한 제2동작을 준비함

3 스포츠지도사 실기평가(리프팅)

구분	생활스포츠지도사				전문스포츠지도사		
검정방법	시작 신호와 함께 리프팅을 진행하며, 동일한 발등과 무릎을 이용하여 리프팅을 10초 이내 총 5세트를 진행함				볼을 발등, 무릎 등 응용 동작으로 진행하며, 제한시간 30초 이내 완료하였는가를 평가함		
평가기준	볼을 발등, 무릎 순으로 진행				볼을 발등, 무릎 등 응용 동작으로 진행		
배점기준	평가		등급	점수	평가	등급	점수
	볼을 발등으로 리프팅 후 무릎 순으로 안정감 있게 실시하였는가?	5세트	A	25	30초 안에 완료	A	25
		4세트	B	20	32초 안에 완료	B	20
		3세트	C	15	34초 안에 완료	C	15
		2세트	D	10	36초 안에 완료	D	10
	볼을 발등으로 리프팅 후 무릎 순으로 1세트만 완료하거나 제한시간 10초 안에 완료하지 못한 경우		E	5	40초 안에 완료 (최소 저글링이 갈 때 10회, 올 때 10회 이하일 경우)	E	5
감점사례	• 공이 바닥에 떨어지기 전에 손으로 잡을 경우(시간은 지속되고, 세트 수는 초기화) • 공이 바닥에 바로 떨어지는 경우(시간은 지속되고, 리프팅 개수는 유효하며 이어서 시작 가능) • 동일한 발로 리프팅을 진행하지 않고, 교차로 진행할 경우						

02 정확한 패스하기

축구 경기에서 패스는 같은 선수들 간에 공을 주고받는 기술을 말함. 패스는 경기 중 가장 많이 사용되는 기술로 패스의 정확성이 슈팅, 드리블, 킥 등의 좋은 결과에 영향을 미치게 됨. 패스의 종류는 인사이드·아웃사이드, 인프런트·아웃프런트, 인스텝, 힐 패스 등으로 구분됨. 특히 인사이드 패스는 생활 및 전문 스포츠지도사 실기평가 중 유일하게 실시하는 기술로 반복적인 훈련을 통해 정확성을 높이는 데 중점을 두어야 함

인사이드 패스

아웃사이드 패스

인스텝 패스

힐 패스

1 패스 정복하기. 나의 능력 키우기!!

> **선생님 TIP**
> 패스는 공을 주고받는 기술 중 하나로, 기초기술 중 가장 기본이 되는 기술 중 하나임. 힘의 강약 조절이 매우 중요한 요소이므로 반복적인 연습을 통해 패스 마스터가 되자!

(1) 공을 정확한 위치에 맞출 수 있도록 반복적으로 노력함(디딤발 위치를 공과 발 사이 주먹 하나 들어갈 수 있도록 위치)

(2) 디딤발에 무게 중심을 두고, 공을 정확히 패스할 수 있도록 중심 이동을 함

(3) 패스 연습 간 움직임, 강약조절 등을 생각하며, 항상 움직임을 가지고 패스 연습하는 습관을 기르도록 함

(4) 시험에 대비하여, 인사이드 패스를 집중적으로 연습함(콘 사이에 정확한 패스를 위한 반복훈련, 혼자 연습 시 벽 앞쪽에 콘을 두고 연습)

2 패스에 대해 알아보기

1. 인사이드 패스

경기 진행 시 가장 많이 사용되는 기술로 패스 중 가장 정확함. 디딤발의 위치, 발목의 임팩트, 발목의 고정 등이 좋은 패스의 포인트라고 할 수 있음. 결국 몸의 중심을 낮추고 팔을 아래로 향하게 하는 자세를 통해 가장 좋은 패스가 나옴

(1) 초보자의 경우, 단계별로 반복적으로 연습하기

　① 디딤발의 위치(주먹 혹은 발 하나의 간격 유지)를 정확히 딛는 연습

　② 발끝은 볼을 보내고자 하는 방향으로 주시(발끝이 떨어져 있는 경우 정확한 패스가 안 됨)

　③ 무릎을 자연스럽게 굽히고, 패스하는 발은 가볍게 들어 공의 정중앙으로 맞출 수 있도록 함

(2) 패스의 정확성과 안정감을 확보하기 위해 정확한 자세로 반복적으로 연습하기

(3) 인사이드 패스를 실패하는 경우

　① 정확히 인사이드(신발의 움푹 파인 곳)에 맞추지 못한 경우

　② 디딤발과 패스하는 발과의 거리가 너무 좁거나 먼 경우

　③ 디딤발의 위치가 공보다 뒤에 있는 경우

　④ 디딤발이 공보다 앞에 있어 공이 너무 가깝게 왔을 경우

2. 아웃사이드 패스

발등의 바깥쪽을 사용하여 공이 바깥쪽으로 휘도록 감아 차는 기술로 순간적인 패스를 요구할 때 발목 스냅으로 큰 스윙 없이 빠르게 줄 때 많이 사용함. 움직이면서 속도를 줄이지 않고 대각선 방향으로 공을 패스하기에 가장 좋은 방법으로 경기 중 상대방을 속일 수 있는 패스 방법

① 초보자의 경우, 2인 1조로 구성하여 기본자세(발의 모양, 공 터치, 패스강약조절, 발목 고정, 디딤발의 위치 등) 훈련을 반복적으로 실시함. 또한 2인 훈련(공을 잡아주고 차는 연습을 반복적으로 실시) 및 마커 1~2개를 활용하여 패스 훈련을 지속적으로 진행함

② 패스 시 발을 내밀며 공을 패스하는 방식으로 패스 타이밍이 한 박자 빠르고, 상대편 수비수가 예측하기 어려운 장점을 가지고 있음

③ 패스 후 다음 동작을 진행하기 수월하여, 수비수보다 더욱 빠르게 움직일 수 있음

3. 인스텝 패스

속도와 힘이 있는 패스로 공을 발등으로 강하게 차서 먼 거리에 있는 동료에게 패스할 때 사용함

4. 힐 패스

축구에서 발뒤꿈치로 하는 패스로 패스플레이를 효과적으로 보조할 수 있는 기술임

3 스포츠지도사 실기평가(패스)

구분	생활스포츠지도사				전문스포츠지도사			
검정방법	4곳 방향과는 상관없이 공을 차서 표시된 구역 안으로 통과							
평가기준	제한시간 12초 이내 볼을 정해진 구역에 통과시키기				제한시간 8초 이내 볼을 정해진 구역에 통과시키기			
점수기준	12초 이내에 패스구역 통과 횟수에 따라 등급별 점수 부여				8초 이내에 패스구역 통과 횟수에 따라 등급별 점수 부여			
배점기준	평가		등급	점수	평가		등급	점수
	볼을 정해진 구역에 통과시켰는가?	5세트	A	25	볼을 정해진 구역에 통과시켰는가?	4세트	A	25
		4세트	B	20		3세트	B	20
		3세트	C	15		2세트	C	15
		2세트	D	10		1세트	D	10
	정해진 구역 내 1회도 통과하지 못했을 경우, 제한시간 12초 내 시행하지 못하는 경우		E	5	정해진 구역 내 1회도 통과하지 못했을 경우, 제한시간 8초 내 시행하지 못하는 경우		E	5
감점사례	공이 공중에 뜨거나 콘에 닿으면 실패							

03 완벽한 드리블하기

축구에서의 드리블은 공을 컨트롤하며 이동하는 기술임. 원활한 공격을 위해 중요한 기술로 드리블할 때 공이 자신으로부터 떨어지지 않는 것이 중요함. 드리블의 종류는 인사이드, 아웃사이드, 인프런트 드리블로 구분되어 있으며, 스포츠지도사 실기평가 간 인사이드 및 아웃사이드 드리블을 집중적으로 평가함. 완벽한 드리블을 구사하기 위해 구체적으로 알아보고자 함

인사이드 드리블

아웃사이드 드리블

인프런트 드리블

1 완벽한 드리블하기. 기본기 집중하기!!

> **선생님 TIP**
> 드리블은 볼을 컨트롤하며 이동하는 것으로 패스나 슛할 기회를 노리는 플레이로 축구의 가장 기본이라 할 수 있음. 반복적인 기본기 연습을 통해 최고의 드리블러가 되자.

(1) 자세를 낮추고, 고개를 들고 한발 이동하면서 한번 터치를 통해 드리블 훈련을 진행함
(2) 사이드 스텝(좌·우)을 활용하여 리듬감을 살려 자연스럽게 드리블 훈련을 실시함
(3) 숙련된 드리블을 하기 위해 인사이드와 아웃사이드 드리블을 교차하면서 훈련을 진행함
(4) 시범에 대비하여 콘을 활용하여 지그재그 드리블 훈련을 반복적으로 진행함

2 드리블에 대해 알아보기

1. 인사이드 드리블

발을 이용하여 공을 가지고 이동하는 수단으로 발의 안쪽 옆 넓은 부분으로 밀어내듯이 드리블하고, 방향 전환을 쉽게 할 수 있기 때문에 주로 많이 이용하는 기술임

① 드리블하기 전 디딤발을 볼 옆에 딛는 연습을 지속적으로 함(주먹 하나, 발 하나 간격 유지)
② 발 안쪽으로 살짝 건드리는 느낌(밀어낸다는 느낌)으로 드리블 연습을 진행함(콘을 이용하여 실시)
③ 숙련된 드리블을 위해, 양발을 번갈아 가면서 연습함
④ 초보자의 경우, 2인 1조로 인사이드 패스와 병행하여 연습을 실시함

2. 아웃사이드 드리블

발등의 바깥쪽으로 공을 밀어내어 이동하는 수단으로 방향전환이 용이하다는 장점을 가지고 있음. 또한 경기 간 공격자가 주로 사용하는 드리블로 인사이드 드리블과 더불어 가장 많이 사용하는 기술임

① 드리블하기 전 디딤발을 볼 옆에 딛는 연습을 지속적으로 함(주먹 하나, 발 하나 간격 유지)
② 발 바깥쪽으로 살짝 건드리는 느낌(밀어낸다는 느낌)으로 드리블 연습을 진행함(콘을 이용하여 실시)
③ 공이 몸의 중심에서 좌우 이동이 크지 않도록 컨트롤하며 드리블 연습을 실시함. 숙련된 드리블을 위해, 양발을 번갈아 가면서 연습함
④ 사이드스텝을 이용하여 오른발 툭(터치), 왼발 원(스텝), 오른발 투(스텝), 왼발 툭(터치)을 반복 수행하며, 연습을 진행함

3. 인프런트 드리블

발의 안쪽(발등) 부분으로 공을 터치하며 공격을 전개하는 드리블로 빠르게 이동할 수 있는 장점과 방향 전환을 자유롭게 할 수 있다는 장점이 있음

① 드리블하기 전 디딤발을 볼 옆에 딛는 연습을 지속적으로 함(주먹 하나, 발 하나 간격 유지)

② 가장 기본적인 드리블로 감각을 익혀 드리블 연습을 하고(보폭, 속도, 볼터치의 강약조절 등), 이를 통해 규칙적인 드리블을 함

③ 공이 몸의 중심에서 좌우 이동이 크지 않도록 컨트롤하며 드리블 연습을 실시함

④ 매 스텝마다 볼을 차는 것보다 밀어낸다는 느낌을 가지고 연습을 반복함(콘, 고깔 등을 이용하여 8자 드리블 연습을 지속)

3 스포츠지도사 실기평가(드리블)

구분	생활스포츠지도사				전문스포츠지도사			
검정방법	인사이드, 아웃사이드 드리블을 번갈아 사용하여 마지막 장애물 통과 후 발바닥으로 공을 정지							
평가기준	제한시간 22초 이내 완료				제한시간 18초 이내			
점수기준	평가		등급	점수	평가		등급	점수
	드리블을 실시하고, 기준안에 장애물을 통과하였는가?	22초	A	25	18초 안에 완료		A	25
		24초	B	20	19초 안에 완료		B	20
		26초	C	15	20초 안에 완료		C	15
		28초	D	10	21초 안에 완료		D	10
	제한시간 30초 안에 장애물을 통과하지 못한 경우		E	5	제한시간 22초 안에 장애물을 통과하지 못한 경우		E	5
배점기준	22초 이내 장애물 통과 시 등급별 점수 부여				18초 이내 장애물 통과 시 등급별 점수 부여			
감점사례	드리블 시 세워진 콘을 터치할 경우 1초 추가되고, 드리블 시 이탈할 경우 이탈 지점에서 다시 시작함							

04 강력한 슈팅하기

축구경기에서 골을 목적으로 상대방 골대에 공을 차서 넣는 동작이며, 킥 외에도 헤딩으로 행하는 기술. 슈팅의 종류는 인사이드, 아웃사이드, 인스텝, 힐, 토킥 등으로 구성되어 있음. 전문 및 생활스포츠지도사 실기평가의 경우 패널티 에어리어 선상에서 슈팅을 하여 바운드 없이 골망에 닿는 경우만 인정되니 정확한 슈팅을 구사하기 위해 골대로 밀어 차는 연습을 지속적으로 실시하고자 함

인사이드킥

아웃사이드킥

인스텝킥

토킥

1 강력한 슈팅!! 정확한 슈팅을 구사하자.

> **선생님 TIP**
> 슈팅의 기본은 정확한 임팩트. 슈팅을 세게 차는 것보다 힘을 빼고, 정확하게 차는 것이 매우 중요함. 체중을 실어 자연스러운 동작으로 슈팅으로 연결될 수 있도록 반복적인 연습을 통해 슈팅의 마스터가 되자

(1) 슈팅은 정확한 임팩트로 차는 것이 중요함. 디딤발의 위치, 팔의 스윙 등을 보면서 연습하기(자신의 슈팅하는 모습을 영상으로 촬영하여 분석하기)
(2) 허리를 숙이고 디딤발에 무게중심을 두고 신체의 균형을 유지하고, 공을 끝까지 주시
(3) 슈팅하려는 발의 위치에 정확히 공을 대고, 물 흐르듯이 동작을 연결
(4) 부드럽게 공을 맞추는 연습 후 정확하게 차는 동작을 반복적으로 연습(리턴볼을 활용하면 혼자 연습이 가능)

2 슈팅에 대해 알아보기

1. 인사이드킥
발의 안쪽으로 공을 찰 때 사용하는 킥으로 축구에서 가장 기본적인 킥임. 정확하게 볼을 차거나 짧은 패스를 할 때, 혹은 골대 앞에서 정확한 슈팅을 하는 기술로 특히 패널티킥 시 정확한 킥을 하기 위해 사용하는 킥이라고 볼 수 있음

① 정확한 킥을 위해 공 옆에 디딤발을 두고 킥을 하는 발을 공과 수직이 되게 함
② 목표물을 세워두고 임팩트 부위에 집중하여 공이 일직선으로 가도록 연습함(콘, 고깔, 경기장 라인 등을 활용하여 연습)
③ 1차적으로 제자리에서 킥 연습, 2차적으로 달려오면서 킥 연습을 반복적으로 연습함
④ 정확도가 높아지면, 슈팅의 강도를 높여 빠른 킥을 연습함

2. 아웃사이드킥
발등의 바깥쪽을 이용하여 공을 차는 방법으로 짧은 거리에 빨리 패스하거나 공이 바깥쪽으로 휘도록 회전을 줄 때 사용하는 기술임. 공을 한 박자 빠르게 찰 수 있어 상대방이 타이밍을 예측하기가 힘듦. 정확도는 떨어지나, 축구기술 중 매우 필요한 기술임

① 정확한 킥을 위해 디딤발과 발목을 고정하여 반복적으로 킥을 연습함
② 상당히 고난이도의 킥으로 많은 연습량이 필요하므로 지속적인 연습이 필요함
③ 스윙하는 발의 발목을 바깥으로 꺾어서 고정하고 공을 임팩트함
④ 축구기술 중 어려운 기술로 정확한 임팩트를 맞춰 성공률을 높일 수 있도록 반복적인 연습이 필요함

3. 인스텝킥

발등 전체를 이용하여 볼의 중앙을 킥하는 방법. 위력 있는 슈팅 시 사용되는 기술로 슈팅 시 다리의 백 스윙이 크기 때문에 신체적인 밸런스가 매우 중요함

① 정확한 킥을 위해 차기 전 서있는 위치와 달려오는 스텝의 너비를 반복적인 연습을 통해 습관화함

② 정확한 디딤발의 위치와 백스윙을 통해 고관절, 슬관절의 각도와 백스윙의 높이를 비교·분석함

③ 킥의 시작부터 끝까지 발목을 펴고 공의 중앙를 발등으로 임팩트하여 슈팅을 할 수 있도록 반복적인 훈련이 필요함

3 스포츠지도사 실기평가(슈팅)

구분	생활스포츠지도사				전문스포츠지도사			
검정방법	16.5m 페널티박스에서 슈팅 후 공이 바운드 없이 골대 그물망에 맞도록 득점하면 성공							
평가기준	제한시간 15초 이내 완료				제한시간 10초 이내			
점수기준	평가		등급	점수	평가		등급	점수
	볼을 정해진 구역에 합격기준 안에 통과시켰는가?		5회	A	25	볼을 정해진 구역에 합격기준 안에 통과시켰는가?	5회	A	25
			4회	B	20		4회	B	20
			3회	C	15		3회	C	15
			2회	D	10		2회	D	10
	볼을 정해진 구역으로 1회 골인, 제한시간(10초) 안에 완료하지 못한 경우		1회	E	5	볼을 정해진 구역으로 1회 골인, 제한시간(10초) 안에 완료하지 못한 경우	1회	E	5
배점기준	15초 이내 장애물 통과 시 등급별 점수 부여				10초 이내 장애물 통과 시 등급별 점수 부여			
감점사례	슈팅 후 공이 지면에 닿으면 실패							

pass.Hackers.com

해커스자격증
pass.Hackers.com

Part 03

축구의 이론적 개념 이해하기(구술)

Part 03 축구의 이론적 개념 이해하기(구술)

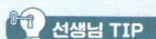 **선생님 TIP**
스포츠지도사의 경우, 구술시험을 완전 정복하기 위해 축구의 이론적 개념을 확립하고자 함. 축구 구술은 축구 규정(경기규칙, 경기 운영, 시설 규정), 지도방법(기술적 요소, 지도 방법), 태도(자세, 질문이해, 커뮤니케이션) 등으로 평가 영역이 설정됨

01 축구시설 및 도구

01 축구장의 규격에 대해 설명하시오.

- 축구장 규격: 일반경기 규격: 넓이(최소 90m~120m), 너비(45m~90m)
  ※ FIFA 권장규격 국내 축구경기장(105m*68m) 예 서울월드컵경기장, 수원월드컵경기장 등
  - 2002 한일월드컵을 계기로 경기장 규격을 정함(FIFA 권장 규격)

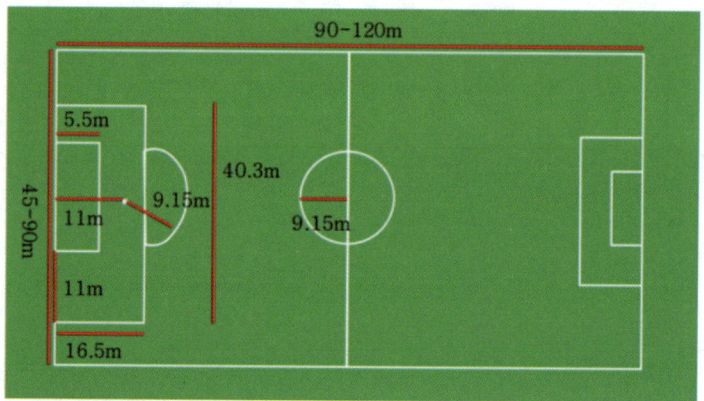

- 축구 골대: 규격(높이 2.44m, 가로 7.32m, 골대 굵기는 12cm 이하), 깊이(2m 이상)
- 페널티 박스: 길이(16.5m), 너비(40.3m)
- 센터 서클 및 페널티 아크(반지름 9.15m)

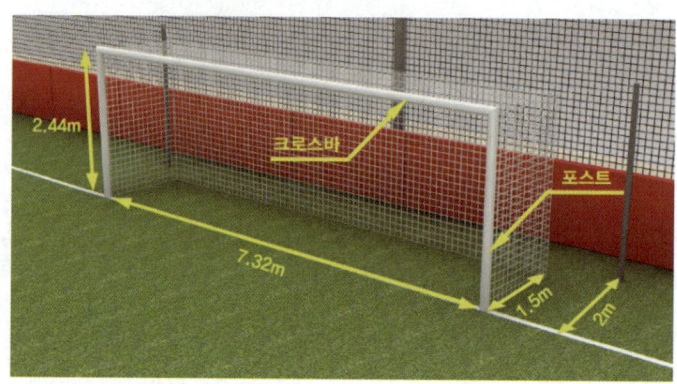

02 골 에어리어에 대해 설명하시오.

정답분석
- 골키퍼를 보호한 목적으로 골 앞에 설정한 구역
- 골 포스트의 안쪽에서 코너 쪽으로 5.5m 되는 곳에 골라인과 직각(터치라인과 평행)이 되도록 경기장 안쪽을 향해 5.5m 길이가 되게 선을 긋고, 그 선의 끝을 골라인과 평행하게 연결하는 지역

 골 에어리어

03 페널티 에어리어에 대해 설명하시오.

정답분석
- 골키퍼가 공을 손으로 잡을 수 있는 구역
- 수비수가 파울을 범하게 되면 상대팀에게 패널티킥을 부여함
- 크기는 각 포스트 안 쪽에서 코너 쪽으로 16.5m 되는 곳에 골라인에 직각으로 각각 16.5m의 선을 긋고, 그 끝을 골라인과 평행이 되도록 직선으로 연결하는 지역

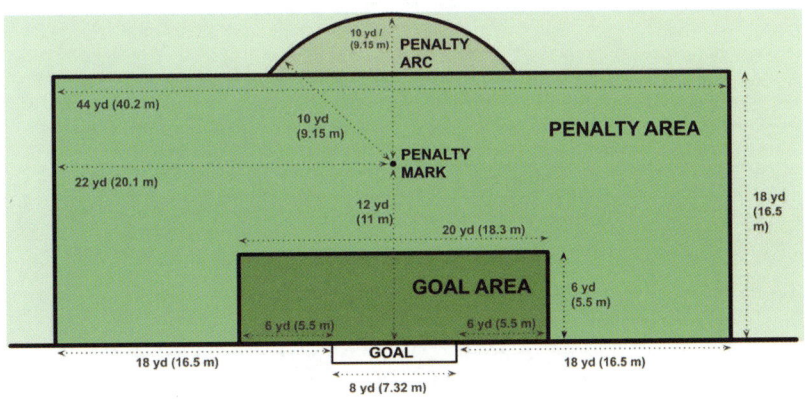

04 축구공 규격에 대해 설명하시오.

- 축구공은 1~5호까지 사용되고 있으며 유소년(8~12세)은 4호, 13세 이상 및 성인과 청소년은 5호 공을 사용
- 5호: 직경 22cm, 무게 410-450g, 둘레 68-70cm
- 4호: 직경 20.5cm, 무게 350-390g, 둘레 63.5-66cm

05 경기 간 선수가 부상을 당하면 선수보호차원에서 머리보호대를 착용해야 하는 상황이 발생한다. 이에 대해 설명하시오.

- 선수가 경기 간 머리 부상을 당해 경기에 나서기 힘든 상황에서 머리보호대를 착용하며, 다른 선수들에게 위험을 주지 않는 부드럽고, 가벼운 중량의 푹신한 재질로 구성되어야 함
- 색상은 검은색 및 주 유니폼 상의와 같은 색상을 착용해야 함
- 선수 안전 강화를 위해 2025 시즌부터 뇌진탕 교체 제도 도입[국제축구평의회(IFAB)가 승인, 경기 중 선수가 뇌진탕 증상이 보일 경우 추가 교체를 허용하여 선수의 건강을 보호]

02 축구경기 운영방법

06 VAR(Video Assistant Referees)에 대해 설명하시오.

- VAR이란? FIFA에서 축구 경기에 공정성을 더하기 위해 도입한 비디오 판독 시스템
- 도입시기: 2016년 클럽 월드컵에서 공식적으로 전면 도입
   - 국내의 경우, K리그1(2017년), K리그2(2018년, 세계 최초로 2부리그 도입 운영)
- 비디오 판독을 실시하는 상황: 득점 장면, PK 선언, 레드카드(퇴장) 판정, 징계확인 등
- 장점: 정확한 심판 판정을 이루어 낼 수 있는 점(줄어드는 오심, 항의 빈도 축소 등)
- 단점: VAR로 인해 낭비되는 시간이 김, 선수들의 경기흐름과 체력적 문제, 팬들의 몰입도 저하

07 축구 경기 간 진행 방법 중 경기인원에 대해 설명하시오.

- 인원: 경기를 치르는 양쪽 팀은 각각 11명의 선수가 참여함(골기퍼 1명 포함)
- 교체: 교체선수는 5명(2022.7.1 이후)으로 확대(기존 3명)
- 선수 부족: 11명의 선수 중 5명이 퇴장하고 인원이 6명 이하가 될 경우(몰수패 선언)

08 축구 경기 운영 시간과 하프타임, 추가시간에 대해 설명하시오.

- 경기운영시간: 전반전(45분), 후반전(45분)
- 하프타임: 15분
- 추가시간: 추가시간의 경우 결정 권한은 절대적으로 주심에게 존재

09 축구 심판의 구성 및 주심, 부심의 역할에 대해 설명하시오.

축구 경기에서 심판은 일반적으로 주심 1명, 부심 2명, 대기심 1명, 비디오 판독 심판진으로 구성됨
1. 주심: 경기 전체를 조율하는 역할
    - 득점여부, 경기 결과 등 플레이에 대한 최종 결정
    - 경기의 흐름이 끊기지 않고 공정하게 플레이 될 수 있도록 하는 역할
    - 어드밴티지, 파울에 의한 징계 조치, 외부방해요인으로 인한 경기 중단
    - VAR을 통한 도움(골, 패널티킥, 퇴장 선언 등)
2. 부심(Assistant Referees): 경기 간 주심과 협력하여 경기를 공정하고 안전하게 진행하는 데 있어 주심의 결정 지원 역할
    - 필드 내 일어나는 경기 상황을 주심에게 보고
    - 경기 간 오프사이드 판정
    - 코너킥, 골킥, 스로인 등 권한을 판정
    - 선수 교체를 요청했을 경우

10 경기 중 골키퍼 퇴장 시 대체 선수에 대해 설명하시오.

- 선수 교체 전에 주심에게 알리고, 경기가 중단된 상황에서 교체 가능
- 퇴장 시 교체카드가 있으면, 팀 내 대기 중인 골키퍼와 필드 플레이어 한 명이 교체를 진행함(단, 교체 선수가 없다면, 필드 플레이어 중 한 명이 골키퍼의 임무를 수행하게 되며 필드선수와 색상이 구분되는 유니폼 또는 조끼를 착용하여 경기에 임할 수 있음)

11 오프사이드 규정과 이에 해당하지 않는 경우에 대해 설명하시오.

- 규정: 상대방 진형에서 볼을 받는 공격선수가 상대팀의 최종 두 번째 수비수보다 앞선 경우(오프사이드 반칙이 되면 상대방에게 간접프리킥이 부여됨)
- 오프사이드 반칙이 아닌 경우: 골킥을 하는 경우, 스로인으로 공을 받는 경우, 코너킥을 차는 경우, 공을 찬 순간 공격수가 중앙선을 넘지 않는 경우

오프사이드인 경우

12. 직접프리킥과 간접프리킥 상황에 대해 설명하시오.

1. 직접프리킥: 상대방의 골대로 직접 공을 넣을 수 있는 프리킥(예: 위험한 태클, 핸들링 등 경기에 지장을 주는 플레이)
   - 차징(주로 어깨와 팔 부분으로 밀거나 덮치는 행동)의 경우
   - 의도적인 핸드볼을 했을 경우
   - 차거나, 차려고 시도했을 경우
   - 상대방을 붙잡거나 신체접촉을 통해 상대를 방해했을 경우
2. 간접프리킥: 상대방의 골대로 직접 공을 넣을 수 없는 프리킥
   - 부상을 위협하는 위험한 플레이를 했을 경우
   - 신체접촉 없이 상대방의 진행을 방해했을 경우
   - 골키퍼가 페널티 에어리어 안에서 6초 이상 패스를 하지 않을 경우
   - 비신사적인 행동을 했을 경우(욕설이 담긴 언어 및 몸짓 등)
   - 골기퍼가 동료선수의 고의적 백패스를 손으로 잡았을 경우

13. 패널티킥에서의 ABBA 방식에 대해 설명하시오.

- 기존방식: 승부차기는 선·후공을 통해 A-B-A-B팀 순으로 진행하였음
- 변경방식: 후공으로 차는 선수들이 느끼는 압박감이 선공으로 차는 선수들보다 월등히 많다는 주장이 제기되어 국제축구평의회(IFAB)가 도입한 새로운 승부차기 방식으로 운영함
  - 아바(ABBA)방식은 A-B-B-A팀 순으로 승부차기 진행(2017년 5월, U-17세 유럽선수권 준결승전부터 적용)

14. 퇴장성 반칙과 경고성 반칙에 대해 설명하시오.

1. 퇴장성 반칙
   - 핸드볼 또는 반칙으로 상대의 명백한 득점을 저지한 경우
   - 공격적이거나 모욕적인 욕설, 언어, 행동 등
   - 난폭한 행위(의도적 가격, 잔혹한 행동 등)
   - 한 경기에서 2번의 경고를 받는 경우
2. 경고성 반칙
   - 반 스포츠 행위를 한 경우(시뮬레이션, 무모한 반칙 등)
   - 지속해서 경기 규칙을 위반한 경우
   - 과도한 골 세레모니(도발적이거나 상의를 벗는 경우 등)
   - 말 또는 행동으로 심판에게 항의하는 경우

15 축구 경기는 다양한 포메이션의 전술로 운영되고 있는데, 각 포메이션의 장단점에 대해 설명하시오.

포메이션	장점	단점
4-4-2	• 선수들의 위치를 균등하게 배치함으로써 서로 간의 거리와 수비 균형을 수월하게 유지할 수 있는 가장 이상적인 공간장악이 가능한 포메이션임 • 밸런스를 유지하기 쉬우며, 2선과 3선에서 침투 공격 및 간격 조절을 이용한 강한 수비가 가능함	• 4-4-2 포메이션에서 지속적으로 간격을 유지하기 위해서는 강인한 체력이 필요함 • 체력이 떨어지는 경우, 수비 간격을 유지하기 어려워 수비력이 약해지고, 팀 밸런스가 깨진다는 단점이 있음 • 4-3-3 포메이션에 비해 약한 공격력 • 3-5-2 포메이션에 비해 약한 수비력
4-3-3	• 볼을 소유하는 시간이 많아 점유율 축구를 지향할 수 있음 • 전방공격수(3명)가 상대 최후방라인을 적극적으로 압박하기 용이함 • 윙백의 활동범위가 넓어 공격력을 강화할 수 있고, 수비에 안정을 기함	• 공격수 및 윙어의 역량에 따라 다른 결과를 가져올 수 있음 • 압박이 무효하면 위험 및 역습에 취약함 • 미드필드 수가 상대적으로 적어 전반적으로 수비 시 어려움이 있음
3-5-2	• 5명의 미드필더 자원으로 다양하게 활용할 수 있음 • 경기 주도권을 장악할 수 있으며, 측면과 중앙 공격 등 패스의 루트가 다양해 상대 팀의 집중마크가 어려움	• 측면공격과 수비에서 미드필드의 활동량이 많아 1명 또는 2명의 볼란치를 두기 때문에 지나치게 수비적인 성향을 가지고 있음 • 전반적으로 미드필드진의 체력 소모가 큼

03 상황별 지도방법

16 축구 경기 워밍업 전 고려해야 할 요소 및 워밍업의 필요성에 대해 설명하시오.

- 워밍업은 운동을 하기 전, 선택이 아닌 필수요소이며, 부상을 막을 수 있는 최선의 방법이자 최고의 효율을 낼 수 있는 방법임. 워밍업을 통해 조직 손상의 위험성을 낮추고 동시에 긴장을 완화하기 위함. 이를 통해 혈류 증가, 근육의 산소 유용성 등을 높여 운동 수행능력을 향상시키고자 함
- 고려사항: 그라운드의 상태, 날씨, 선수 개인의 컨디션 등

17 축구 기본기술 중 리프팅, 패스, 드리블, 슈팅 등의 지도방법에 대해 설명하시오.

리프팅	• 몸의 힘을 빼고, 연습을 통해 자연스러운 자세가 나오도록 함 • 몸의 균형을 유지하고, 공을 자신의 몸 가까이에서 터치하여 컨트롤 할 수 있도록 함 • 초보자의 경우, 원 바운드하며 리프팅을 연습함 • 리프팅 시 발과 무릎을 좌우 번갈아가면서 지속적으로 연습함
패스	• 공을 정확한 위치에 맞출 수 있도록 반복적으로 노력함(디딤발 위치를 공과 발 사이 주먹 하나 들어갈 수 있도록 위치함 • 패스 연습 간 움직임, 강약조절 등을 생각하며, 항상 움직임을 가지고 패스 연습하는 습관을 기르도록 함 • 디딤발에 무게 중심을 두고, 공을 정확히 패스할 수 있도록 중심 이동을 함 • 혼자 연습 시, 벽을 이용하여 연습을 진행함
드리블	• 자세를 낮추고, 고개를 들고 한발 이동하면서 한번 터치를 통해 드리블 훈련을 진행함 • 사이드 스텝(좌·우)을 활용하여 리듬감을 살려 자연스럽게 드리블 훈련을 실시함 • 숙련된 드리블을 하기 위해 인사이드와 아웃사이드 드리블을 교차하면서 훈련을 진행함
슈팅	• 정확한 슈팅을 하기 위해 디딤발과 킥의 위치를 확인하고, 디딤발의 무릎은 부드럽게 굽히고, 양팔은 가볍게 벌려 몸의 균형을 유지하도록 함 • 목표 지점을 확인 후 공의 임팩트 순간 시선을 공을 보고 차도록 함 • 슈팅 시 공을 맞는 위치 등을 확인하고 반복적으로 연습함

18 축구 상황별 지도방법(공격, 수비)에 대해 설명하시오.

공격	• 공격의 흐름과 패스, 빠른 전개와 공간 창출, 적절한 위치와 수비수의 약점 파악 훈련 • 슈팅 연습과 골 결정력 강조, 슛의 정확성과 다양한 슈팅 기술 훈련
수비	• 1:1 상황에서의 수비 지도, 스텝과 태클 기술 훈련 • 적절한 위치 선정과 상대 선수를 주시하는 자세 강조

04 태도 및 표현

19 축구지도자로서의 철학에 대해 설명하시오.

- 코칭을 할 때에는 항상 선수들이 스스로 생각할 수 있도록 함
- 훈련 시작 전 미리 훈련 준비를 마치고, 훈련진행 방법에 대해 시뮬레이션을 진행함
- 훈련시간을 지키는 것에 대해 선수들에게 명심하도록 주지시킴
- 항상 지도자다운 복장, 말투 등을 되새기면서 훈련을 진행함
- 선수들과 소통하며, 개인이 아닌 팀플레이를 중시함

20 축구지도자로서 가져야 할 신념에 대해 설명하시오.

- 지도자로서 모든 일에 솔선수범하고, 열정을 가지고 선수들을 지도함
- 지도자로서 팀을 이끌 수 있는 리더십, 책임감, 포용력 그리고 창의력을 겸비해야 함
- 확신과 신념을 가지고 최선을 다하는 지도자
- 코칭스텝, 선수들 간에 서로 소통하여 이해하는 팀 운영

21 (축구) 생활 및 전문스포츠지도자로서 역할에 대해 설명하시오.

1. 생활스포츠지도사

생활스포츠지도사란?	다양한 연령층(유소년, 노인, 장애인 등)을 대상으로 다양한 프로그램을 구성하고 지도하는 역할
역할	• 건강한 삶의 가치추구, 건강과 체력증진, 여가선용 등 • 생활체육활동 목표설정(방향과 목표 제시, 성취수준 등) • 생활체육 프로그램 개발(참여자의 욕구 총족, 프로그램 활용 및 개발 등) • 생활체육지도자에 대한 인간관계 유지

2. 전문스포츠지도사

전문스포츠지도사란?	학교 운동부, 실업 및 프로스포츠 등에 소속된 지도자로서 선수와 팀의 역량을 최대로 끌어올릴 수 있는 지도자
역할	• 선수들의 소질과 장래성을 발견하여 좋은 선수로 이끄는 지도자 • 훈련 간 합리적이고 효율적인 트레이닝을 계획하는 지도자 • 코칭스텝, 선수 등과의 소통이 잘 이루어지는 지도자 • 선수들의 개인 별 심리성향을 파악하여 경기력 강화에 도움이 되는 지도자

22. (축구) 생활 및 전문스포츠지도자로서 자질에 대해 설명하시오.

1. 생활스포츠지도사의 자질
   - 생활체육 활동 집단의 긍정적 분위기를 조성함
   - 지도활동을 통해 동료 의식 및 응집성을 강화함
   - 개인 및 단체의 목표를 명확히 제시하고 확인함
   - 참가자의 동기유발을 통해 개인의 역량을 강화함
2. 전문스포츠지도사의 자질
   - 선수들이 잠재력을 최대한 발휘할 수 있도록 동기부여 능력을 함양한 지도자
   - 올바른 결정을 내릴 수 있는 결단력을 가진 리더로서의 지도자
   - 선수들의 훈련 의욕을 높여 경기력 향상을 위해 극대화할 수 있는 지도자
   - 지도기술이 탁월하고, 시합에 대해 충분히 준비가 되어 있는 지도자

23. (공통) 지도자가 갖추어야 할 덕목에 대해 설명하시오.

- 개인 및 팀의 비전을 제시할 수 있는 능력을 가진 지도자
- 팀의 구성원을 설득시킬 수 있는 능력을 가진 지도자
- 솔선수범, 겸손한 인격 그리고 열정적인 지도력을 가진 지도자
- 정확한 판단력과 과감한 실천력을 겸비한 지도자
- 매사 일관성있게 개인 및 팀을 지도할 수 있는 능력을 겸비한 지도자

05 기타

24 축구에 필요한 3대 영양소에 대해 설명하시오.

 3대 영양소는 탄수화물, 단백질, 지방으로 구성되어 있음. 일반적으로 우리 몸을 구성하는 데 있어 물(66%), 탄수화물(0.6%), 단백질(16%), 지방(13%)의 비율로 구성되어 있음
- 탄수화물: 에너지를 내는데 쓰이는 대표적인 영양소
- 단백질: 몸의 구성성분으로 사용
- 지방: 체온을 유지하고, 충격을 완화하는 역할

25 운동 후 회복을 위해 섭취해야 하는 영양소에 대해 설명하시오.

 운동 후 체력 회복에는 적절한 영양 섭취가 필요함. 특히 근육 회복과 성장을 위해 필수적인 요소로 운동 후 단백질을 반드시 섭취해야 함. 단백질은 근육 세포를 구성하는 요소로 단백질 섭취가 근육 세포의 회복과 성장을 돕기 때문임

06 장애인 스포츠지도사

26 자폐성장애에 대해 설명하시오.

정답분석 사회적 상호작용과 의사소통의 결함, 제한적, 반복적 관심과 활동을 보이는 장애

27 회백수염에 대해 설명하시오.

정답분석 내장이나 위에 바이러스가 혈류로 침투해 뇌 또는 세포에 영구적 마비를 가져오는 증상

28 특수체육 지도자가 갖추어야 할 네 가지에 대해 설명하시오.

정답분석 장애 및 특수 신체 조건에 대한 이해, 효과적인 의사소통 능력, 개인별 성장 속도 존중, 긍정적인 피드백과 존중하는 태도

29 특수체육 지도자의 역할에 대해 설명하시오.

정답분석
- 신체 기능 향상 운동
- 운동 동기 부여 및 심리적 지원
- 안전 관리 및 응급 대응
- 다양한 맞춤형 운동 지도 프로그램 개발

30 특수체육 운동지도의 목표에 대해 설명하시오.

정답분석
- 정상화
- 주류화
- 최소한제한환경
- 통합교육

31 장애인 체육 운동지도 방법에 대해 설명하시오.

정답분석
- 기구 변형
- 환경 변형
- 규칙 변형
- 교수법 변형

32 시각 장애인 운동 지도 시 주의사항에 대해 설명하시오.

정답분석
- 비장애인보다 체력 수준이 낮기 때문에 천천히 지도
- 원활한 신체 활동을 위해 눈을 보호할 수 있는 장비를 사용하고 곁에서 도움을 줘야 함
- 언어 지도 → 촉각 탐색 → 직접 지도 순서대로 진행

33 청각 장애인 운동지도방법에 대해 설명하시오.

정답분석
- 청각 장애인이 지도자의 눈과 입을 볼 수 있도록 위치
- 시각적 설명을 적극 활용
- 수화로 청각 장애인의 의사소통 능력을 확인
- 설명 또는 시범 시에는 등지지 않도록 함

34. 장애인에 맞는 영양섭취에 대해 설명하시오.

정답분석
씹기 어려운 경우 쉐이크를 섭취하게 하며, 신장에 문제가 있는 경우는 단백질 과다 섭취를 주의해야 함. 또한 활동량이 상대적으로 적기 때문에 탄수화물 과잉 섭취를 주의해야 함

35. 장애인 근감소증 원인에 대해 설명하시오.

정답분석
- 신체 활동 부족
- 영양 부족(칼로리, 단백질)
- 신경 호르몬 변화
- 만성 질환
- 염증

36. 장애인의 운동 부족으로 인한 심리적 변화에 대해 설명하시오.

정답분석
- 우울감, 무기력: 세로토닌, 도파민 분비 저하로 인해 기분 저하, 고립감 그리고 외로움 증가
- 스트레스, 불안감: 자율신경계 균형이 깨져 스트레스 증가 및 미래에 대한 불안감 증가
- 자존감 저하: 자기 이미지 부정적 인식, 학습된 무기력
- 집중력 저하: 운동 부족은 뇌 혈류 감소로 기억력, 사고력 저하
- 인지 기능 약화: 활동이 줄어들면서 일상생활 동기 그리고 목표 사고 약화

37 시각장애인 축구에 대해 설명하시오.

- 사이드라인을 따라 펜스가 설치되어 있고 경기장과 룰은 풋살과 비슷함
- 전맹부와 약시부로 나눠 공에는 특별한 방울을 삽입해 사용하며, 골키퍼를 제외한 선수는 눈을 가리기 위해 아이패치와 안대를 착용해 전후반 각각 20분 중간에 10분간 휴식

38 지적장애인선수 지도 시 고려 사항에 대해 설명하시오.

- 인내하고 일관성을 가져야 함
- 선수의 현 상태에 따라 적절한 트레이닝의 양과 요구사항을 조절
- 간단하고 짧은 언어 사용

07 유소년 스포츠지도사

39 유소년 신체적, 정신적 트레이닝 지도법에 대해 설명하시오.

- 신체적: 유소년은 성인과 달리 신체적으로 뼈나 근골격계가 완성되지 않은 미성숙한 단계이므로 신체의 기능이 성인에 비해 약하기 때문에 저강도 운동을 반복하는 형태로 흥미와 재미 위주의 프로그램을 구성하여 지도하는 것이 좋음
- 정신적: 과도한 경쟁과 승리에 대한 집착보다는 스포츠를 통해 스포츠맨십, 인격형성, 성취감, 자신감 등을 배울 수 있도록 지도해야 함

40 유소년의 효율적인 지도방법에 대해 설명하시오.

성인에 비해 집중력이 짧고 신체적으로 발달이 되어있지 않은 상태이기 때문에, 무조건적으로 힘들고 이론적인 프로그램보다는 흥미 위주의 운동과 운동이 재미있고 즐겁다는 인식을 심어줄 수 있는 프로그램 위주로 지도를 해야 함

41 유소년과 성인의 생리적 차이로 인한 효과적인 유산소 트레이닝 방법에 대해 설명하시오.

- 유소년은 성장기에 있기 때문에 심장의 박출량이 적어서 안정시 심박수가 성인에 비해 상대적으로 높은 편임. 또한 상대적으로 작은 심장을 갖고 있기 때문에 운동 강도가 증가함에 따라 심장이 더 많은 일을 하게 됨
- 처음부터 너무 고강도의 운동은 심장에 무리가 갈 수 있고, 또한 아이들은 신체적으로 성장기인 만큼 전체적인 신체의 근육 패턴이나 움직임이 조화롭게 안정되어 있지 않기 때문에, 정확한 자세와 흥미 위주의 프로그램으로 지도해야 함

42 유소년 정신적 특성에 따른 지도법은?

유소년은 정신적으로 산만하고 집중력이 짧기 때문에 흥미 위주의 운동과 운동이 재미있고 즐겁다는 인식을 심어줄 수 있는 프로그램 위주로 지도를 해야 함

43 유소년스포츠지도사의 자질(역할)에 대해 설명하시오.

정답분석 지도자는 놀이를 통해 다양한 신체발달과 사회성 발달을 유도해야 하고, 유소년을 이해하고 사랑하는 마음과 봉사정신, 인내심과 평정심, 건전한 성품 등이 필요함

44 유소년에게 고중량 운동을 시키지 않는 이유에 대해 설명하시오.

정답분석 무거운 중량에 대해 저항할 수 있는 견고한 패턴이 몸에 갖춰져 있지 않은 유소년의 경우 부상의 위험도 있고, 무리한 자극이 될 수 있기 때문에 맨몸운동을 하거나 적당한 중량으로 근골격과 성장판을 알맞게 자극해 성장에 도움을 주는 것이 적합함

45 유소년 영양관리방법에 대해 설명하시오.

정답분석
- 유소년의 경우 전체 영양섭취의 50~60%는 탄수화물, 25~30%는 지방, 12~15%는 단백질로 구성해야 함
- 성장기의 아이들을 위해 철분과 칼슘을 충분히 섭취하도록 해주고, 인스턴트 음식을 피하고 균형 있게 다양한 영양소를 섭취하는 것을 권장

46 유아기 발달단계에 대해 설명하시오.

정답분석
- 두미의 법칙: 머리 → 발끝, 위 → 아래
- 중심-말초원리(근원법칙): 중심(근위부) → 말초·끝(원위부)
- 대근육-소근육 발달: 단순 동작 → 복잡한 동작

47 피아제의 인지발달 단계에 대해 설명하시오.

- 감각 운동기(0~2세)
- 전조작기(3~7세)
- 구체적 조작기(7~11·12세)
- 형식적 조작기(11세 이상~성인기)

48 유소년 운동 지도원리에 대해 설명하시오.

- 놀이중심
- 생활중심
- 개별화
- 탐구학습
- 반복학습
- 융통성
- 통합성의 원리

49 유소년 운동지도시 주의사항에 대해 설명하시오.

- 신체 사이즈가 작기 때문에 적절한 도구 이용
- 체온조절능력이 떨어지므로 열상해에 주의
- 수분섭취에 유의
- 심장이 다 발달되지 않았기 때문에 고강도 운동은 주의
- 흥미 위주의 운동으로 구성

50 학교 내 성폭력 발생 시 처리절차에 대해 설명하시오.

1. 성범죄 신고의무
   - 수사기관 신고(피해자가 원하지 않아도 반드시 신고, 전문기관 신고와 별개)
   - 교내 성고충 상담원과 협의하여 피해자 긴급 보호조치
   - 117 신고센터, 해바라기여성아동센터(1899-3075), ONE-STOP지원센터, 여성긴급전화(1366), 성폭력상담소 등 전문상담기관에 도움 요청
2. 학교폭력대책자치위원회를 개최, 피해학생 보호 및 가해학생 선도·교육 조치
   - 학교폭력대책자치위원회 개최
   - 전담기구의 사안조사(비밀유지에 유의)
   - 전문상담기관으로 의뢰
3. 성폭력 피해학생 보호
   - 심리상담 및 조언
   - 일시보호
   - 치료 및 치료를 위한 요양
   - 학급교체
   - 그밖에 피해학생의 보호를 위하여 필요한 조치
4. 가해학생에 대한 선도 조치
   - 서면사과
   - 피해 학생 및 신고·고발 학생에 대한 접촉, 협박 및 보복행위 금지
   - 학교에서의 봉사
   - 사회봉사
   - 학내외 전문가와 특별교육 이수·심리치료
   - (기간제한이 없는) 출석정지
   - 학급교체
   - 전학
   - 퇴학처분(고등학생만 가능)

08 노인 스포츠지도사

51 허리통증이 있는 노인에 대한 운동지도에 대해 설명하시오.

- 허리의 움직임은 최소한으로 운동을 지도하며 흉추와 고관절의 가동성을 확보
- 허리부위의 운동은 주로 등척성 운동으로 강화를 실시

52 협심증에 대해 설명하시오.

심장에 혈액을 공급하는 관상동맥이 동맥경화로 좁아지면서 생기는 질병으로 주로 운동과 같은 심장의 산소요구량이 늘어날 때 증상이 발생

53 심근경색에 대해 설명하시오.

심장에 혈액을 공급하는 관상동맥이 동맥경화로 막히면서 심근 세포가 괴사하는 질병으로 환자의 50%는 증상이 없어 모르다가 급작스럽게 극심한 흉통을 호소

54 노인운동전문가가 갖추어야 할 두 가지에 대해 설명하시오.

노인질환에 대한 지식과 그에 따른 운동처방 방법을 알고 있어야 함

55 노인체육지도자의 역할에 대해 설명하시오.

- 우수한 실기능력
- 자신감 있고 상냥한 태도
- 행동적 덕목
- 명확히 표현할 수 있는 의사전달 능력
- 운동에 몰입할 수 있는 동기유발 능력

56 노인 운동지도의 목표에 대해 설명하시오.

- 노인의 흥미과 관심
- 노인의 신체적, 정신적, 사회적 건강 유지 및 증진
- 노인들 간의 유대관계, 사회성 함양 유도
- 새로운 것에 도전하려는 욕구를 충족
- 자율적행동과 독립심 향상
- 건전한 여가활동
- 가족 간의 유대관계 강화

57 노화로 인한 신체적 변화에 대해 설명하시오.

- 근육 내 자살세포 많아짐
- 활동량 저하
- 골격근량 감소
- 골밀도 감소
- 체지방 증가
- 근감소증

58 고혈압 노인환자의 운동지도 방법에 대해 설명하시오.

- 저강도 유산소운동을 30~60분, 가능한 한 매일 실시
- 저강도 저항운동을 주 2-3회 실시

59 고혈압 노인환자 운동지도 시 주의사항에 대해 설명하시오.

정답분석
- 서서 하는 운동보다는 앉아서 하는 운동 위주로 실시
- 기온이 낮을 때나 이른 아침 운동은 피하고 충분히 웜업한 뒤 운동을 실시
- 저항운동 시 발살바 호흡에 주의

60 노화로 인한 근력감소의 원인에 대해 설명하시오.

정답분석
- 자살세포 많아짐
- 활동량 저하
- 골격근량 감소
- 골밀도 감소
- 체지방 증가
- 근감소증

61 당뇨가 있는 노인의 운동지도방법에 대해 설명하시오.

정답분석
- 운동 전 당 보충을 실시
- 저강도 유산소운동을 30~60분, 주당 최소 2-3회 실시
- 저강도 저항운동을 주당 2-5회 실시
- 족저궤양이나 발에 손상이 있는지 항상 주의하고 앞의 손상이 있는 경우 체중부하운동이나 수중운동에 주의

62 노인에 맞는 영양섭취에 대해 설명하시오.

정답분석
노인은 근육은 감소하고 체지방은 높아져 있기 때문에 저칼로리 위주의 단백질 섭취를 권장하고, 장운동이 활발하지 않기 때문에 변비 예방을 위해 수분과 야채를 섭취를 권장

63 노인 고관절 골절 시 합병증에 대해 설명하시오.

고관절 골절 시 노인은 긴 시간 침상에서 지내게 되는데 이때 욕창, 근감소, 폐렴, 뇌졸중 등 다양한 합병증이 나타날 수 있음

64 노인의 운동지도방법에 대해 설명하시오.

- 저·중강도 유산소운동을 30분 이상, 주당 2-3회 권장
- 저·중강도 저항운동을 1RM 40~50%로 주당 2-5회 권장
- 약간 불편한 강도로 스트레칭을 30초~60초 이상, 주당 2-3회 권장

65 노인의 근육노화 원인에 대해 설명하시오.

- 근육 내 자살세포 많아짐
- 활동량 저하
- 골격근량 감소
- 골밀도 감소
- 체지방 증가
- 근감소증

66 노인의 신체적·심리적 변화에 따른 지도방법에 대해 설명하시오.

- 신체적: 근육량 감소, 근력저하, 유연성 저하, 균형감각 저하
- 정신적: 스트레스, 우울, 불안
- 저·중강도 유산소운동을 30분 이상, 주당 2-3회 권장
- 저·중강도 저항운동을 대근육 위주로, 주당 2-5회 권장
- 밸런스, 협응력 운동을 함께 실시하기를 권장

pass.Hackers.com

해커스자격증
pass.Hackers.com

해커스 **스포츠지도사 축구** 실기+구술 초단기 5일 합격

실전 준비하기

부록 실전 준비하기

01 실기 및 구술시험 준비하기

1 실기평가 영역(세부 기술)

분류	세부 기술
리프팅	• 리프팅 - 발등 - 머리 - 인사이드 - 무릎 • 응용 볼 다루기
패스	• 인사이드 • 아웃사이드 • 인스텝 • 힐
드리블	• 인사이드 드리블 • 아웃사이드 드리블
슈팅 및 킥	• 인사이드 • 아웃사이드 • 인스텝 • 힐 • 토

1. 실기평가 영역(생활, 유소년, 노인스포츠지도사)
(1) 리프팅

영역		세부시항
리프팅 (25)	내용	발등과 무릎으로 응용 볼 리프팅
	평가 기준	1. 실기평가 기준 ① 볼을 발등 무릎 순으로 진행하여 안정감 있게 정해진 세트로 진행하는가? ② 시선은 볼 중심으로 보고 있는가? ③ 제한 시간 10초 이내에 완료하였는가? # 세트인정(예시) • 왼(오른)발등 리프팅 후 왼(오른)무릎으로 리프팅하기(세트 인정) • 왼(오른)발등 리프팅 후 오른(왼)무릎으로 리프팅하기(세트 불인정) ※ 항상 같은 발등 리프팅 후 무릎 리프팅으로 진행 시 인정(1세트) 2. 리프팅 평가기준(점수)

평가		등급	점수
볼을 발등으로 리프팅 후 무릎 순으로 안정감 있게 실시하였는가?	5세트	A	25
	4세트	B	20
	3세트	C	15
	2세트	D	10
볼을 발등으로 리프팅 후 무릎 순으로 1세트만 완료하거나 제한시간 10초 안에 완료하지 못한 경우		E	5

저글링(Juggling)

합격기준 TIME: 10.00 [미만]

1. 항상 같은 발등 - 무릎으로 진행해야 한다.
2. 볼을 발등 무릎 순으로 연결하여 5세트 이상 진행한다.
3. 제한시간 내에 완료해야 한다.

(2) 패스

영역		세부사항			
패스 (25)	내용	인사이드패스			
	평가 기준	1. 실기평가 기준 ① 디딤발의 위치는 볼 옆쪽에 위치하고, 발끝은 패스하는 방향과 일치하는가? ② 볼 임팩트 시 발 안쪽으로 정확히 맞추고, 발목이 고정되어 패스를 진행하는가? ③ 패스 시 디딤발이 되는 다리가 무릎을 약간 굽히고, 공을 밀어내듯이 차고 있는가? ④ 볼이 패스하는 구역으로 정확하게 가고 있는가? ⑤ 패스 시 구역 내 세워진 콘을 터치할 경우(실패) 2. 패스 평가기준(점수)			
		평가	등급	점수	
		볼을 정해진 구역에 통과시켰는가?	5세트	A	25
			4세트	B	20
			3세트	C	15
			2세트	D	10
		정해진 구역 내 1회도 통과 못했을 경우, 제한시간 12초 내 시행하지 못하는 경우		E	5

합격기준: 12초 이내로(4개)

순서에 상관없이 볼을 차서 볼이 뜨거나 콘에 닿으면 실패

(3) 드리블

영역		세부사항			
드리블 (25)	내용	인사이드, 아웃사이드, 발바닥 응용 드리블			
	평가 기준	1. 실기평가 기준 ① 장애물(콘)을 지나가면서 인사이드, 아웃사이드 드리블을 번갈아 실시하고, 마지막 장애물(콘)을 통과 후 발바닥으로 공을 정지시켰는가? ② 드리블 시 볼의 흐름이 끊기지 않고, 자연스럽게 진행하였는가? ③ 드리블 시 중심이 낮은 자세로 유지하고, 전방을 주시하고 있는가? ④ 드리블 시 시선은 볼과 진행방향을 번갈아보며 드리블하고 있는가? ⑤ 볼의 중심이 내 몸의 중심에 위치하고 있는가? ⑥ 드리블 간 합격 기준인 22초 이내 왕복으로 성공하였는가? ※ 드리블 시 세워놓은 콘을 터치할 경우(1초 추가) 2. 드리블 평가기준(점수)			
		평가		등급	점수
		드리블을 실시하고, 기준 안에 장애물을 통과하였는가?	22초	A	25
			24초	B	20
			26초	C	15
			28초	D	10
		제한시간 30초 안에 장애물을 통과하지 못한 경우		E	5

합격기준: 22초 이내 왕복 성공

세워 놓은 콘 사이로 드리블하여
지그재그로 왕복 통과,
콘을 터치할 시 1초 추가

(4) 슈팅

영역		세부사항			
슈팅 (25)	내용	자유슈팅			
	평가 기준	1. 실기평가 기준 ① 무릎을 부드럽게 굽히고, 양팔을 벌려 몸의 균형을 잡고 슈팅을 하고 있는가? ② 슈팅 임팩트 시 볼에 시선이 향하고 있는가? ③ 슈팅 시 볼이 목표지점까지 힘 있게 향하는가? ④ 킥을 하고자 하는 위치에 정확하게 향하는가? ⑤ 합격기준인 15초 이내 슈팅을 완료하였는가? ※ 슈팅 시 공이 바운드 없이 골대 그물망에 맞도록 득점하면 성공 2. 슈팅 평가기준(점수)			
		평가	등급		점수
		볼을 정해진 구역에 합격기준 안에 통과시켰는가?	5회	A	25
			4회	B	20
			3회	C	15
			2회	D	10
		볼을 정해진 구역으로 1회 이하로 통과시키지 못하고, 제한시간(15초) 안에 완료하지 못한 경우	1회	E	5

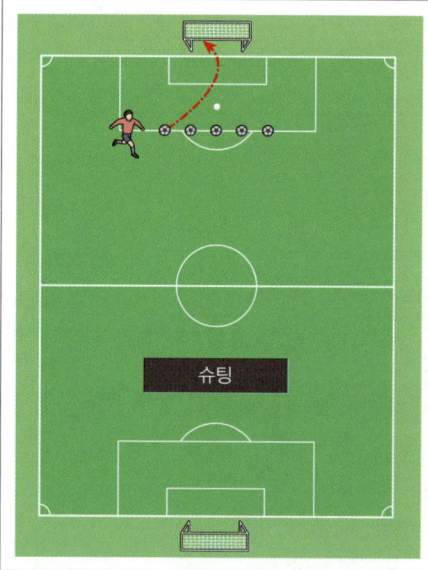

합격기준: 15초 이내

16.5m 페널티박스에서 슈팅,
바운드 없이 골대 그물망에 맞도록
득점하면 성공

2. 실기평가 영역(전문스포츠지도사)

(1) 리프팅

영역	세부사항	
리프팅 (25)	내용	발등과 무릎으로 응용 볼 리프팅 후 이동
	평가 기준	1. 실기평가 기준 ① 볼을 발등, 무릎 등 응용 동작으로 진행하여 안정감 있게 정해진 세트로 진행하는가? ② 시선은 볼 중심으로 보고 있는가? ③ 이동하면서 리프팅을 진행하는가? ④ 제한시간 30초 이내에 완료하였는가? # 세트인정(예시) • (인정) 최소 1번 이상, 총 5회 이상을 사용하여 이동하였을 경우(발등 및 무릎 사용) • (불인정) 발등 또는 무릎으로만 이동하였을 경우 2. 리프팅 평가기준(점수)

평가	등급	점수
30초 안에 완료	A	25
32초 안에 완료	B	20
34초 안에 완료	C	15
36초 안에 완료	D	10
40초 안에 완료 (최소 저글링은 갈 때 10회, 올 때 10회 이하일 경우)	E	5

합격기준: 30초 이내로 10m*5m 범위 내의 지역 왕복 저글링

30초 동안 저글링으로 반환점을 돌아 왕복

최소 터치 횟수:
갈 때 10회 이상,
올 때 10회 이상 터치

(2) 패스

영역		세부사항			
패스 (25)	내용	인사이드패스			
	평가 기준	1. 실기평가 기준 ① 디딤발의 위치는 볼 옆쪽에 위치하고, 발끝은 패스하는 방향과 일치하는가? ② 볼 임팩트 시 발 안쪽으로 정확히 맞추고, 발목이 고정되어 패스를 진행하는가? ③ 패스 시 디딤발이 되는 다리가 무릎을 약간 굽히고, 공을 밀어내듯이 차고 있는가? ④ 볼이 패스하는 구역으로 정확하게 가고 있는가? ⑤ 제한시간 8초 이내에 완료하였는가? ⑥ 패스 시 세워져 있는 콘을 터치할 경우(실패) 2. 패스 평가기준(점수)			
		평가		등급	점수
		볼을 정해진 구역에 통과시켰는가?	4세트	A	25
			3세트	B	20
			2세트	C	15
			1세트	D	10
		정해진 구역 내 1회도 통과 못했을 경우, 제한시간 8초 내 시행하지 못하는 경우		E	5

합격기준: 8초 이내로(4개)
순서에 상관없이 볼을 차서 볼이 뜨거나
콘에 닿으면 실패

(3) 드리블

영역		세부사항
드리블 (25)	내용	인사이드, 아웃사이드, 발바닥 응용 드리블
	평가 기준	1. 실기평가 기준 ① 드리블 시 볼의 흐름이 끊기지 않고, 자연스럽게 진행하였는가? ② 드리블 시 중심이 낮은 자세로 유지하고, 전방을 주시하고 있는가? ③ 드리블 시 시선은 볼과 진행방향을 번갈아보며 드리블하고 있는가? ④ 볼의 중심이 내 몸의 중심에 위치하고 있는가? ⑤ 제한시간 안에 완료하였는가? ⑥ 드리블 시 세워놓은 콘을 터치할 경우(1초 추가) 2. 드리블 평가기준(점수) | 평가	등급	점수
18초 안에 완료	A	25
19초 안에 완료	B	20
20초 안에 완료	C	15
21초 안에 완료	D	10
제한시간 22초 안에 장애물을 통과하지 못한 경우	E	5 |  합격기준: 18초 이내 왕복 세워 놓은 콘 사이로 드리블하여 지그재그로 왕복 통과, 콘을 터치할 시 1초 추가

(4) 슈팅

영역		세부사항
슈팅 (25)	내용	자유슈팅
	평가 기준	1. 실기평가 기준 ① 무릎을 부드럽게 굽히고, 양팔을 벌려 몸의 균형을 잡고 슈팅을 하고 있는가? ② 슈팅 임팩트 시 볼에 시선이 향하고 있는가? ③ 슈팅 시 볼이 목표지점까지 힘 있게 향하는가? ④ 킥을 하고자 하는 위치에 정확하게 향하는가? ⑤ 제한시간 10초 안에 완료하였는가? ⑥ 슈팅 시 공이 바운드 없이 골대 그물망에 맞도록 득점하면 성공 2. 슈팅 평가기준(점수) | 평가		등급	점수
---	---	---	---
볼을 정해진 구역에 합격기준 안에 통과시켰는가?	5회	A	25
	4회	B	20
	3회	C	15
	2회	D	10
볼을 정해진 구역으로 1회 골인, 제한시간(10초) 안에 완료하지 못한 경우	1회	E	5	 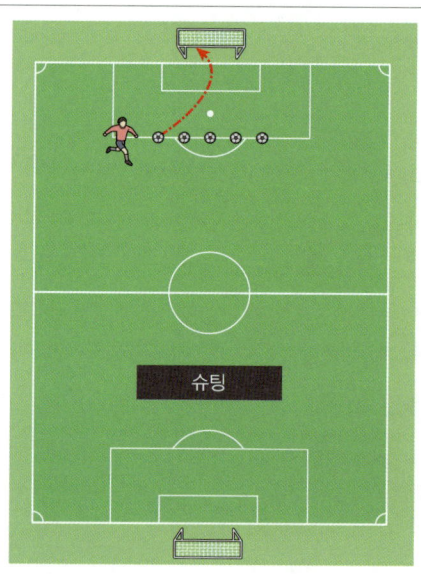 합격기준: 10초 이내 성공(5개) 16.5m 페널티박스에서 슈팅, 골대에 득점하면 성공, 슈팅 후 공이 지면에 닿으면 실패

2 구술평가 영역

1. 시행방법
① 규정 2문항(40점)
② 지도방법 2문항(40점)
③ 태도(20점)

2. 합격기준
① 70점 이상(100점 만점)
② 평가영역(점수)

영역	세부내용	점수
규정	경기 규칙, 경기 운영, 시설 규정 등	40점
지도방법	기술적 요소, 지도상식, 지도 방법 등	40점
태도	자세, 질문 이해, 커뮤니케이션 등	20점

02 연수 및 현장실습 진행하기

1 연수 진행하기

(1) 연수일정의 경우, 평일 또는 주말반으로 선택 가능

(2) 연수이수기준

　　연수과정의 100분의 90 이상을 참여하고, 평가점수(연수태도, 체육 지도, 현장실습)에 대해 각각 만점의 100분의 60 이상 이수한 자

(3) 연수일반과정

　　지정된 연수기관에서 66시간 이수

2 (생활스포츠지도사) 현장실습 진행하기

(1) 현장실습장소 선정

　　① 연수 받는 기관에서 직접 실습장소를 매칭해주는 경우

　　② 개인이 직접 현장실습 장소를 섭외하는 경우

(2) 현장실습과정

　　24시간 이수

　　※ 현장실습의 경우, 제출서류가 많기 때문에 꼼꼼하게 확인할 것

현장실습 장면(생활스포츠지도사)

3 (전문스포츠지도사) 현장실습 진행하기

(1) 현장실습 선정요건

연수기관이 실습기관을 직접 섭외하여 현장실습 매칭 원칙(단, 연수생이 직접 섭외기관을 선정 시 현장실습계획서 제출 후 연수기관 승인 후 시행)

※ 현장실습지도자: 청렴서약서 작성 필수

(2) 현장실습과정

24시간 이수(훈련지도 보조 및 주관: 23시간, 현장실습보고서 제출: 1시간)

(3) 현장실습기관 요건

국가대표 또는 국가관리팀, 실업팀, 프로팀, 학교운동부

(4) 현장실습 지도자 요건(아래 요건 중 1가지 이상 충족 시)

① 지도자 실무경험이 있는 자(1급 전문스포츠지도사 자격 소지자로 1년 이상)

② 지도자 실무경험이 있는 자(2급 전문스포츠지도사 자격 소지자로 2년 이상)

③ 동등한 자격을 갖추고 3년 이상의 실무 경험이 있는 자

※ 현장실습의 경우, 제출서류가 많기 때문에 꼼꼼하게 확인할 것

현장실습 장면(전문스포츠지도사)

해커스
스포츠지도사
축구 실기+구술
초단기 5일 합격

개정2판 1쇄 발행 2025년 4월 7일

지은이	김옥현
펴낸곳	㈜챔프스터디
펴낸이	챔프스터디 출판팀
주소	서울특별시 서초구 강남대로61길 23 ㈜챔프스터디
고객센터	02-537-5000
교재 관련 문의	publishing@hackers.com
동영상강의	pass.Hackers.com
ISBN	979-11-7244-949-0 (13690)
Serial Number	02-01-01

저작권자 ⓒ 2025, 김옥현
이 책의 모든 내용, 이미지, 디자인, 편집 형태는 저작권법에 의해 보호받고 있습니다.
서면에 의한 저자와 출판사의 허락 없이 내용의 일부 혹은 전부를 인용, 발췌하거나 복제, 배포할 수 없습니다.

자격증 교육 1위
해커스자격증
pass.Hackers.com

· 스포츠지도사 **전문 선생님의 본 교재 인강** (교재 내 할인쿠폰 수록)
· 스포츠지도사 **무료 특강, 최신 기출문제** 등 다양한 추가 학습 콘텐츠

* 주간동아 선정 2022 올해의 교육브랜드 파워 온·오프라인 자격증 부문 1위

해커스자격증

쉽고 빠른 합격의 비결,
해커스자격증 전 교재
베스트셀러 시리즈

해커스 산업안전기사·산업기사 시리즈

해커스 전기기사

해커스 전기기능사

해커스 소방설비기사·산업기사 시리즈

[해커스 산업안전기사 필기 베스트셀러 1위] 교보문고 온라인 베스트 기술/공학 분야 1위 (2023.11.13, 온라인 주간베스트 기준)
[해커스 산업안전산업기사 필기 베스트셀러] 교보문고 온라인 베스트 기술/공학 분야 (2023.11.13, 온라인 주간베스트 기준)
[해커스 산업안전기사·산업기사 실기 베스트셀러 1위] 교보문고 온라인 일간 베스트셀러 기술/공학 분야 1위 (2023.02.22, 온라인 일간 집계 기준)
[해커스 소방설비기사/산업기사 필기 베스트셀러] YES24 수험서 자격증 베스트셀러 소방설비 분야 (2023.12.08 YES24 베스트셀러 기준)
[해커스 소방설비기사·산업기사 실기] YES24 수험서 자격증 부문 베스트셀러 소방설비 전기분야 (2023년 1월, 월별 베스트 기준),
YES24 수험서 자격증 베스트셀러 소방설비 기계분야 (2023년 7월 월별 베스트 기준)
[해커스 전기기사 베스트셀러 1위] 교보문고 국내도서 기술/공학 분야 1위 (2023.10.20, 온라인 주간베스트 기준)
[해커스 전기기능사 베스트셀러] YES24 수험서 자격증 베스트셀러 전기 기능사 분야 (2023.05.24, YES24 베스트셀러 기준)